本书为国家社科基金项目“本土媒体报道国际新闻的跨文化伦理问题与解决路径研究”（16BXW059）结项成果

国家社科基金丛书
GUOJIA SHEKE JIJIN CONGSHU

本土媒体报道国际新闻的跨文化伦理问题研究

Research on Intercultural Ethical Problems of Reporting International News by Local Media

唐佳梅 著

人民出版社

目　录

绪　论

技术革新推进新闻生产全球化，本土媒体报道国际议题成为普遍实践，但若本土新闻伦理缺乏跨文化维度，可能产生本土中心主义偏向或跨文化伦理争议问题。从新闻伦理视角探讨跨国、跨文化报道的问题，是提升媒体的国际报道能力与传播能力的必要路径。虽然新闻界对媒介伦理多有讨论，但在新闻全球化时代，针对跨国、跨文化、跨种族的他者报道伦理探讨却相对较少，① 既有新闻伦理规范主要针对以国家或媒介组织为单位的区域性新闻实践问题，反映本土主流的价值与文化。他者报道的新实践产生了特定的伦理问题，因而有必要重新审视既有伦理规范是否适用于新闻传播全球化带来的跨国、跨文化报道的新问题，并探讨其影响因素与解决路径。

新闻伦理研究的跨文化转向根源于报道实践的发展。现代新闻业的发展过程中，新闻伦理规范主要针对区域性民族国家的本土实践问题。新闻生产全球化打破了地域、族群和文化疆界，国际传播与跨文化传播研究开始关注媒介跨文化伦理。1992 年美国《国际/跨文化传播研究年刊》(*The International/Intercultural Communication Annual*)开始关注不同文化模式下的新闻生产

① K.Tsetsura, D.Craig, O.Baisnee, "Professional Values, Ethics, and Norms of Foreign Correspondents", in P.Gross, G.G.Kopper (eds.), *Understanding Foreign Correspondence*, New York: Peter Lang Publishing Inc, 2011, p.165.

与不同传播模式背后的文化伦理比较。① 伦理学界也开始探讨全球化新闻实践的伦理框架，2003 年《大众传媒伦理学刊》(*Journal of Mass Media Ethics*)以“探索全球媒介伦理”为主题出版专刊，标志着国外媒介伦理学界从本土化到全球化和跨文化的正式转向。② 随着中国媒体“走出去”的进程加快，本土媒体报道国际议题的跨文化困境逐渐进入研究视野。2009 年“跨文化对话：媒介伦理与新闻专业主义”会议探讨了如何更新新闻专业主义及促进跨文化对话的媒介伦理。

现有研究涵盖实践和理论维度的探讨，对国际报道实践的实证研究从经验路径分析跨文化伦理的问题与解决路径。本土媒体报道国际新闻引发伦理问题的经验研究包括：报道内容的全面性与客观性、跨文化社会责任，以及报道者和报道对象遭遇的跨文化伦理问题。③ 各国学者通过民族志考察、内容分析等经验研究揭示了在埃塞俄比亚、赞比亚、韩国、日本、丹麦、法国等不同文化语境中产生的跨文化新闻伦理问题。④ 解决上述伦理问题的新报道实践包括冲突敏感型新闻(conflict-sensitive journalism)、和平新闻(peace journalism)、解困新闻(solution journalism)等，新报道模式强调对全球问题和冲突的报道不应过于关注问题维度，记者应该承担对国际社会的责任，根据不同文化特点探索国际报道对全球性问题的预警、诠释与解决之道。⑤ 国内经验研究

---

① 姜飞：《跨文化传播研究的思想地图与中国国际传播规划的转向》，《暨南学报(哲学社会科学版)》2016 年第 1 期。

② 引自 Leo Bowman 教授于 2013 年 4 月 19 日对笔者所做的邮件访谈答复。

③ H. Wasserman, S. Rao, “The Glocalization of Journalism Ethics”, *Journalism*, Vol. 9, pp. 163-181.

④ K.Hayashi, “Questioning Journalism Ethics in the Global Age—How Japanese News Media Report and Support Immigrant Law Revision”, in R.S.Fortner, P.M.Fackler (eds.), *The Handbook of Global Communication and Media Ethics Volume* Ⅱ, Chichester: Wiley-Blackwell, 2011, pp.534-553; D.A.Berkowitz, L.Eko, “Blasphemy as Sacred Rite/Right: ‘The Mohammed Cartoons Affair’ and Maintenance of Journalistic Ideology”, in D.A.Berkowitz (ed.), *Cultural Meaning of News: A Text-Reader*, Los Angeles: SAGE, 2011, pp.67-82.

⑤ 史安斌、盛阳：《社交媒体时代的“正能量叙事”——“解困”型新闻分析》，《青年记者》2015 年第 28 期。

主要针对从业者职业道德现状与媒体失范行为，分析跨文化伦理争议性国际报道案例，例如世界新闻报窃听案、《查理周刊》与穆罕默德漫画事件、斯诺登“棱镜门”等。①

对新闻伦理的规范研究从理论路径探讨国际报道伦理在“本土”与“全球”碰撞中的跨文化转向与重构。规范研究关注文化多元情境下对新闻客观性、社会角色、新闻伦理等原有理论进行重新反思。② 全球化语境下新闻伦理研究应当关注权力与文化维度，引入后殖民主义、女性主义等批判视角，运用跨文化比较方法，批判地审视和重构伦理体系，才能建构适合人类文化多样性的全球伦理。③ 通过比较不同文化伦理观念，确立真实性、人类尊严与非暴力原则作为伦理重构的元规范，④多元、人道、宽容、尊重他者等作为具体伦理原则。⑤

国内理论研究针对全球新闻伦理建构的引介、讨论以及伦理推理模式的比较。新闻道德先天缺失跨文化伦理，不能反映不同区域、不同文化群体与价值观之间的协商关系，跨文化对话能促进伦理融合，从而产生处理新问题的全新概念与规范。⑥ 建构全球媒体伦理原则的构想基于世界主义的理论基础，但也受到过于乌托邦的质疑，⑦发展中国家积极介入国际新闻传播，协商、交

① 展江、彭桂兵：《从中庸之道到“无知之幕”：四种媒体伦理理论评析》，《南京社会科学》2014 年第 12 期。

② M.Deuze, “What is Journalism? Professional Identity and Ideology of Journalists Reconsidered”, in D. A. Berkowitz (ed.), *Cultural Meanings of News: A Text-Reader*, Thousand Oaks: SAGE, 2011, p.26.

③ C.G. Christians, S. Rao, S. J. A. Ward, H. Wasserman, “Toward a Global Media Ethics: Theoretical Perspectives”, *African Journalism Studies*, Vol.29, No.2, 2008, pp.135-172.

④ C.G.Christians, “Cultural Diversity and Moral Relativism in Communication Ethics”, in A.G. Nikolaev(ed.), *Ethical Issues in International Communication*, Hampshire: Palgrave Macmillan, 2011, pp.38-43.

⑤ K.Tsetsura, D. Craig, O. Baisnee, “Professional Values, Ethics, and Norms of Foreign Correspondents”, in P.Gross, G. G. Kopper (eds.), *Understanding Foreign Correspondence*, New York: Peter Lang Publishing, Inc, 2011, pp.165-185.

⑥ 单波：《跨文化传播的问题与可能性》，武汉大学出版社 2010 年版。

⑦ 牛静：《建构全球媒体伦理：可实现的愿景抑或乌托邦?》，《国际新闻界》2015 年第 7 期。

流、对话是形成全球新闻观念的操作性机制。① 建构全球新闻规范的操作模式在于先设定生命、自由、财产等基本个体自然权利,进行某种制度安排,从策略上保障全球新闻专业主义的逐步形成。② 还有研究对新闻伦理推理的依据原则与不同模式进行比较分析,试图寻求可操作的推理与抉择方法。③

现有研究更偏向规范研究,理论探讨多于实证研究,对各国本土媒体报道国际议题的跨文化伦理实践缺乏收集分析,缺少经验材料支撑。研究者主要来自欧美、南非以及日本、印度等地,其他国别与文化背景的研究者相对不足,中国学者参与度及跨文化伦理研究的中国视角仍待加强。现有研究重点探讨跨文化伦理问题及其成因,对解决路径的探索相对薄弱,对国际报道实践问题的有效指导较为欠缺。

一、研究问题与思路

本书尝试从新闻伦理规范维度探讨本土媒体跨国、跨文化报道存在的问题与解决之道,为加强媒体的国际传播能力建设开拓新的实践与理论路径。研究围绕以下问题:(1)本土媒体报道国际新闻存在什么类型的跨文化伦理争议与问题?(2)问题的产生根源和影响因素有哪些?(3)问题如何应对解决?本书从理论建构维度,尝试为现有新闻伦理体系增加跨文化的视角与原则;从实践应用维度,探讨减少问题发生的不同维度路径选择和分析解决问题的可操作推理抉择模式。针对上述问题,本书从国际新闻实践的报道者、报道内容、报道过程、伦理规范等维度加以考察,结合经验研究与理论思考路径,为

① 杨保军:《全球性新闻观念形成的可能、实质与机制》,《中国地质大学学报(社会科学版)》2012 年第 4 期。

② 郑涵、牛海坤:《跨文化视野下国际传媒文化面临的新困境——全球新闻专业主义道德伦理之反思》,《上海大学学报(社会科学版)》2010 年第 3 期。

③ 郑根成:《波特模式的实践启示与反思——行为伦理决定模式中道德推理的理论与实践分析》,《伦理学研究》2012 年第 3 期;胡华涛:《中西新闻伦理推论模式的对比研究:从“斯诺登事件”的伦理纷争说起》,《国际新闻界》2014 年。

全球新闻伦理的重构提供跨文化的视角,并尝试解决中国媒体报道国际新闻的伦理实践问题。

针对以上问题,本书围绕以下几部分展开探讨。

第一部分:国际新闻的发展特征与跨文化伦理问题。梳理分析国际新闻生产的发展变化,了解本土媒体报道国际新闻的媒介生态。厘清本土媒体报道国际新闻可能存在的跨文化伦理争议和问题,主要探讨四类跨文化新闻伦理问题:伦理差异与社会情境差异导致伦理准则的文化适应性问题;报道对象面临风险的跨文化敏感性与伦理原则冲突;客观报道与建构他者的内容偏向问题;职业理念与社会责任的矛盾问题。

第二部分:跨文化新闻伦理问题的产生根源及影响因素。从报道者的跨文化能力、国际新闻的内容偏向、国际新闻生产的典型问题、新闻伦理规范的跨文化适用性维度探讨本土媒体报道国际新闻产生跨文化伦理问题的根源与影响因素。报道者的跨文化能力是跨文化伦理问题的重要影响因素,针对报道者维度的经验研究以拜拉姆的跨文化能力多维度模型(知识、态度、技能、意识)为分析框架,考察外派记者的跨文化能力现状、特征与问题,探讨记者跨文化能力提升的路径选择。

第三部分:内容维度的跨文化伦理问题主要考察国际新闻的内容偏向及其类型,内容偏向是影响客观报道与建构他者出现矛盾的主要因素。国际新闻的主要内容偏向类型包括:地理倾向、报道量倾向、信源倾向、版面倾向、立场倾向与认知倾向,对国内媒体报道国际新闻进行分析测量,能够推动本土媒体觉察、判别和规避国际新闻的内容偏向。

第四部分:本土媒体外派记者到海外新闻现场报道国际新闻出现的典型问题是造成跨文化伦理问题的因素之一,考察外派记者国际新闻生产过程的问题困境,以及可能出现的伦理争议,从新闻生产路径探讨优化国际新闻报道的应对方案。

第五部分:现有新闻伦理及推理抉择模式缺乏跨文化视角和适用性是导

致跨文化伦理实践问题难以获得有效指导的影响因素。探讨新闻全球化对新闻伦理规范跨文化转向的影响,分析不同新闻观念与伦理原则,比较新闻伦理推理抉择的常见模式,引入文化多样性视角,增加不同文化的价值原则元素,使新闻伦理规范及推理抉择模式的重构具有针对跨文化伦理问题的适用性。

第六部分:总结本土媒体报道国际新闻的跨文化伦理问题类型、影响因素与解决路径,为我国媒体提升国际报道能力提出方案。主要路径选择包括认知与规避国际新闻报道偏向的内容路径,培养外派记者跨文化能力与克服海外报道问题的生产路径,参与全球新闻伦理跨文化建构的规范路径。规范路径包括针对新闻伦理跨文化转向的伦理建构路径和推理抉择模式跨文化适用性的伦理抉择路径。

二、研究设计与方法

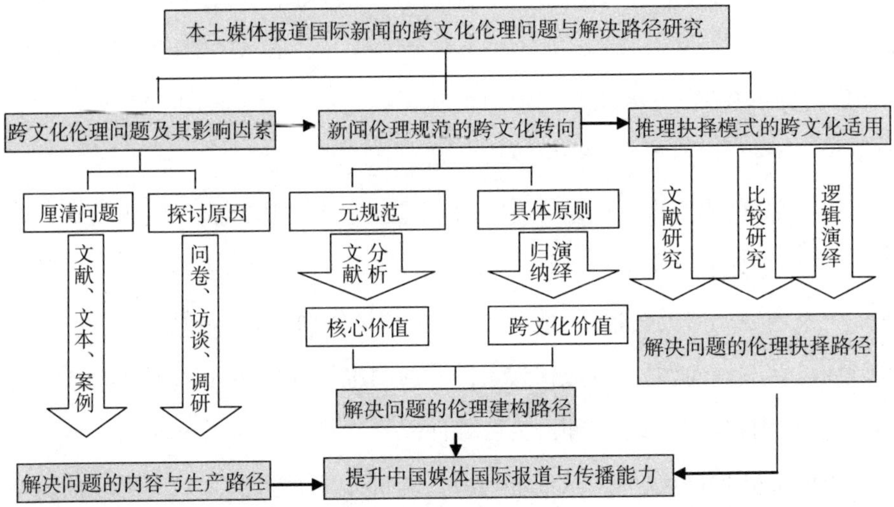

图 0-1　主要内容与研究思路图

如上图所示,本书思路为:首先,通过文献研究、文本分析与案例收集厘清国际新闻的跨文化伦理问题及类型。其次,通过问卷调查,探测性调研访谈,多次开放式、无结构或半结构式深度访谈,内容分析等方法考察本土媒体报道国际新闻的报道者、报道内容和生产过程,探究跨文化伦理问题的产生根源与影响因素,思考解决问题的内容与生产路径。最后,通过分析梳理现有新闻伦理规范跨文化转向的溯源与发展,对比分析不同伦理推理模式,探讨新闻伦理规范及伦理推理模式的跨文化适用性及优化重构,思考解决问题的伦理规范路径。

三、研究价值和意义

1. 学术价值:本书从新闻伦理维度探讨媒体参与国际报道的规则问题,将国际新闻、跨文化报道研究从话语分析和新闻生产路径导向伦理研究路径,为国际新闻传播研究提供伦理维度的理论思考,为媒介伦理研究提供跨文化维度的经验分析。媒介伦理学界也开始探讨全球化新闻实践的伦理框架,新闻伦理研究的跨文化转向推动各国学者参与更能反映文化多样性的新闻伦理重构,中国学者参与度以及跨文化伦理重构的中国视角还比较缺乏。本书尝试将当下中国具有全球化和跨文化视野的理念及其蕴含的伦理观融入新闻伦理规范的跨文化重构,推动全球新闻伦理的理论建构向尊重文化多元化与多样性的方向发展,参与全球讨论,补充中国视角。

2. 应用价值:鉴于目前新闻伦理研究在报道实践中的应用性和操作性稍显欠缺,本书一方面从内容和生产维度分析跨文化伦理实践问题的产生根源与影响因素,并在此基础上探讨提升内容生产的实践维度解决路径;另一方面探索更具跨文化适用性的伦理推理与抉择模式,为解决跨文化伦理问题提供可操作的方法与工具。通过新闻伦理与观念的重塑,推动价值规范层面的改变,指导报道实践,规避国际报道引发的跨文化伦理争议,应用伦理推理工具解决报道伦理困境,提升中国媒体的国际报道能力与跨文化传播效果,促进中国媒体的国际话语能力与国际传播能力进一步提升。

第一章　国际新闻的跨文化伦理问题

本土媒体报道国际新闻的生态随着全球局势和媒介技术而发展变化，本章尝试梳理国际新闻报道的发展变化特征，在此基础上分析本土媒体报道国际新闻可能出现的跨文化伦理问题。

第一节　国际新闻的发展变化

一、国际新闻界限与形态的变化

媒介技术变革不断加深新闻全球化程度，国际新闻生产及其特征也随之发生质的演变，其全球生态发生以下三种变化。第一种变化是国内新闻与国际新闻界限与形态的演变。传统国际新闻主要是以民族—国家的地域界限为划分标准，每条新闻同时具有国内和国际新闻两种属性，存在边界模糊和双重属性的问题。随着全球化发展不断深入，新闻报道进入全球化时代，呈现出从全球到本土和从本土到全球的双向互动与融合趋势。两种趋势并行，原本与本国缺乏关联度的国际报道增加了国内化的视角与关联，原本缺乏国际影响因素的国内报道被赋予了全球的视野与角度。随着新闻"全球"与"本土"双向互动与融合的发展，传统意义上"国内"与"国际"新闻的地域界限逐渐模糊，新闻生产过程的全球化导致新闻的采写跨越不同国家,同时具备国内与国际的角度与视野,形成国内与国际的传播效果与影响力。新闻全球化语境下,国际新闻与国内新闻的界限不再仅仅是新闻发生地的地域,新闻生产过程是否跨国逐渐成为一种新的区分标准。新闻采访报道过程跨越国界可称作国际新闻,反之则为国内新闻。

在新界限下跨国生产的新闻报道可细分为以下三种形态:第一种为"本土化"的国际新闻,是在国外新闻事件中增加与国内相关的元素和视角;第二种是"国际化"的本土新闻,即国内新闻议题的跨国生产,为国内报道增加国际的视野与角度;第三种为"去本土化"的国际新闻,在报道国外新闻事件时不关联国内视角,淡化本土倾向性。上述分类近似于学者欧纳森在归纳国际新闻"国内化"和"本土化"的三种模式中所区分的内向国内化、外向国内化和反向国内化模式。①内向国内化对应本土化的国际新闻,外向国内化对应国际化的本土新闻,反向国内化则对应去本土化的国际新闻。

二、国际新闻从垄断到多样的变化

第二种变化基于国际新闻从垄断到多样的演变。国际新闻是国家经济、政治与文化影响力的反映,国际新闻流动的中心—边缘(core-peripheral)理论依据对国际新闻的垄断程度将各国区分为"中心国家"和"边缘国家",一些国家垄断了大部分国际新闻,而另一些国家对全球国际新闻的产出与影响相对微弱。② 这种垄断导致国际新闻出现以少数国家为中心的新闻选择标准与内容偏向,国际新闻垄断与偏向转变的内、外诱因分别来自世界政治、经济与文化权力与影响力格局的改变,以及对新闻产业和国际报道的规划与投入。在这种动态改变中,一些发展中国家或转型社会影响力崭露头角,在垄断和偏向

① U.Olausson,"The Diversified Nature of 'Domesticated' News Discourse:The Case of Climate Change in National News Media",*Journalism Studies*,Vol.15,No.3,2013,pp.711-725.

② J.Galtung,*Global Glasnost:Toward a New World Information and Communication Order?*,Cresskill,NJ:Hampton Press,1992.

中呈现不同的声音和视角，推动国际新闻从垄断到多样的转变。

除了国家力量驱动的国际新闻流动与偏向改变，国际新闻多样性演变的另一种动力来自非政府、非媒体、非营利性组织或个人的国际报道尝试。边缘或半边缘国家的发展在一定程度上稀释了原有中心国家的垄断程度，但由政府主导的国际报道可能存在意识形态偏向，旨在维护一国海外利益，比国内新闻报道更难做到独立、客观和公正。① 在对国际新闻内容偏向的批判性反思和创新型实践中，新的国际报道模式开始出现和发展。公民个人、志愿团体和其他社会组织参与的国际报道尝试，试图通过自主设置被主流新闻媒体忽视的国际报道议题，或培养独立的国际报道从业者，呈现新闻议题的多重视角，探索更多样化的国际报道。这些形态与尝试成为推动国际新闻在选择与内容方面从垄断到多样化的重要构成。

三、制约因素从政治到商业的变化

第三种变化是国际新闻的制约因素从政治到商业的演变。在冲突、战争、冷战、反恐等非和平时期与社会非常状态下，国际新闻常常成为冲突各方的宣传工具或信息战手段，国家安全、国家利益与国际关系等政治因素成为影响国际新闻的主要因素。② 政治因素对国际新闻的影响不仅存在于社会非常时期，即使在和平与发展的时期，不同研究表明国际新闻也为一个国家的海外利益与关系服务，而海外利益与关系在和平时期也处在恒久的变化和博弈之中。因此，总体而言政治因素对国际新闻的影响比对国内新闻更大。③

① M.A.Sreberny,"How US Media Covers the World", in J. Downing, A. Mohammadi, M. A. Sreberny (eds.), *Questioning the Media: A Critical Introduction*, London: Sage, 1995, pp.296-307.

② H.Nossek,"Our News and their News: The Role of National Identity in the Coverage of Foreign News", *Journalism*, Vol.5, No.3, 2004, pp.343-368.

③ M.A.Sreberny,"How US Media Covers the World", in J. Downing, A. Mohammadi, M. A. Sreberny (eds.), *Questioning the Media: A Critical Introduction*, London: Sage, 1995, pp.296-307; M. Pedelty, *War Stories: The Culture of Foreign Correspondents*, New York: Routledge, 1995; W. A. E. Skurnik,"A New Look at Foreign News Coverage: External Dependence or Nationalinterests?", *African Studies Review*, Vol.24, No.1, 1981, pp.99-112.

二战以后全球进入相对稳定时期，传媒产业在飞速发展中经历了全球化的竞争与经营压力，遭遇新媒体技术的冲击与挑战，全球传媒产业都在谋求转型以应对生存危机，商业因素逐渐取代政治因素对传媒产业产生重要影响。商业化影响表现在新闻机构对成本的压缩，对受众、市场、媒体所有者与广告商的迎合。在国际新闻报道领域，商业因素的影响体现在新闻机构大幅缩减驻外记者数量，关闭海外记者站以压缩成本；增加外派空降记者，减少报道投入与规模；迎合本地受众与市场导致国际新闻的"国内化"倾向，国际报道愈发强调"本土化"的视角与关联，内容取舍与偏向都受到国内受众兴趣与偏好的影响制约。

国际新闻发展变化的特征可总结为如下几点。首先，新技术给传统媒体带来经营压力与生存危机，促使媒体向本土化、商业化转向。传统媒体的国际新闻报道量与驻外记者人数呈削减态势，国际新闻被国际通讯社主导的局面更加显著。其次，部分发展中国家或转型国家在经济发展刺激下，国际新闻逆势增长，但无论是规模或影响力，全球国际新闻仍被少数国家的媒体所主导。再次，现有国际新闻与跨国报道因其文化中心主义、同质化、缺乏多元化和多样性常常被诟病。有些国际新闻内化政府政治外交议程、国内化与本土化偏向明显，比国内新闻的专业主义程度更弱。①最后，传统新闻报道模式依旧主导国际新闻生产，但新的国际新闻理念与实践不断涌现，例如冲突敏感型报道、和平新闻、建设性新闻等。

第二节　跨文化新闻伦理问题、类型与实质

在国际新闻不断发展变化的语境下，本土媒体报道国际新闻可能会产生怎样的跨文化新闻伦理问题？从传播各要素考量，可分为以下四类问题：伦理

① H.Nossek, "Our News and Their News: The Role of National Identity in the Coverage of Foreign News", *Journalism*, Vol.5, No.3, 2004, pp.343-368.

差异和社会情境所导致的报道者问题、报道事实与报道对象风险的被报道者问题、客观报道与建构他者的报道内容问题、职业理念与社会责任的报道后果问题。

一、伦理差异与社会情境差异导致伦理准则的文化适应性问题

第一类问题是报道者维度的问题。在跨国、跨文化报道的过程中，报道者遵循不同的伦理准则，其自身的跨文化素养和能力差异是跨文化报道伦理问题的根源之一。既有新闻伦理主要针对同质文化中的问题，在报道他者日益频繁的时代，不同国家、社会、文化之间的普适新闻伦理的存在性及内涵尚待探讨，但不同报道者所秉持的新闻伦理差异已经过研究证实。韦弗的研究表明全球新闻从业者在新闻伦理方面的不同多于相同，并没有形成统一的新闻伦理规范。[①]即使相似的基本概念，在全球化背景下也并非不证自明，在不同社会情境下可能具有不同内涵，并不都具有跨文化的适应性。由于职业伦理是指导记者行为的重要准则，在国际报道时遭遇不同伦理差异和社会情境就可能导致误读或陷入困境。例如，生命神圣被认为是许多伦理规范中的“元规律”，秉持这一伦理原则的记者通常会从男权暴力的角度报道印度寡妇的殉葬习俗。然而，印度文化中某些情境下死亡比生命更为神圣，印度女权主义者认为从第三世界陋习的角度理解自愿殉葬是一种过于简单化、定型化的报道，在文化多元的视野下这也可被视为一种通过自我牺牲寻求永生的德行。[②]在这个案例中，生与死的伦理原则差异引发了相关报道的争议性解读。

除伦理差异外，不同社会情境也可能导致本土媒体报道国际新闻报道的伦理困境。在一项针对中东和亚洲各国政治报道记者的民族志调查中，记者

---

① D.H.Weaver, L.Willnat, “Journalists in the 21st Century: Conclusions”, in D.H.Weaver, L.Willnat (eds.), *The Global Journalists in the 21st Century*, New York: Routledge, 2012, pp.529-551.

② S.Rao, H.Wasserman, “Global Media Ethics Revisited: A Postcolonial Critique”, *Global Media & Communication*, Vol.3, No.1, 2007, p.38.

们对一些被广泛接受的伦理准则在不同社会环境下的适用性问题颇有感触，韩国记者认为接受小礼物在韩国是广泛认同的传统礼节性行为，不应被视为违反职业伦理；日本记者表示日本的俱乐部制度使记者得以与政府和公司高层保持紧密联系，是一种西方新闻伦理规范难以接受，但在日本行之有效的信息获取方式。①总之，报道不同社会文化的新闻，报道者常因伦理规范和社会情境差异而面临选择、理解和释义的难题。

二、报道对象风险的跨文化敏感性与伦理原则冲突

跨文化新闻伦理的第二类问题是被报道对象维度的问题。跨国、跨文化报道的被采访对象常因文化制度差异在被报道后面临社会压力、道德谴责、人身威胁甚至牢狱或死亡等程度不同的潜在风险与损害。当记者遵循功利主义伦理原则，为了“更大的善行”而使消息来源面临风险时，谁能认定“更大的善行”就能让报道对象可能涉险的选择更加合乎伦理？②一部分记者选择更倾向于罗尔斯“无知之幕”所提倡的责任伦理，优先维护弱势群体的利益。当采访对象可能面临风险时，记者“有伦理和道德责任去保护消息来源者的身份——即使这样会削弱后面的故事效果”。③选择罗尔斯伦理原则的记者在跨国报道可能产生风险时会优先考虑消息来源和报道对象的利益，具有风险考量的跨文化敏感性，在报道事实与保护被报道者之间做出平衡与选择，必要时甚至削弱或放弃报道。

---

① S.Rao,S.T.Lee,“Globalizing Media Ethics? An Assessment of Universal Ethics Among International Political Journalists”,*Journal of Mass Media Ethics:Exploring Questions of Media Morality*,Vol. 20,No.2-3,2005,pp.105-112.

② R.Barnett,“Ethics in China's Wild West”,*British Journalism Review*,Vol.19,No.3,2008, p.53.

③ D.Schlesinger,“The Future of News Services and International Reporting”, in J.Owen, H. Purdey (eds.),*International News Reporting:Frontlines and Deadlines*,Chichester:Wiley-Blackwell, 2009,p.32.

三、客观报道与建构他者的内容偏向

第三类问题是报道内容维度的问题,报道他者可能产生不同类型的偏向。在本土媒体报道国际新闻的内容问题中,萨义德的专著《报道伊斯兰》通过丰富例证与批判性分析得出结论,报道他者的实质是参与文化霸权的共识制造过程,建构"他者"的形象,反映一个国家的海外政治经济利益。[①]对跨国报道的内容与框架分析是国际新闻研究的热点问题,许多研究结论与上述结论一致。[②]在证明新闻生产与权力网络和主流意识形态一致,维护既定社会秩序方面,跨文化、跨国报道甚至比其他报道更为典型。[③]

群体间语言偏见理论提供了另一种视角,揭示了他者报道中产生语言偏见的必然性。报道语言反映报道者的思维结构,群体间语言偏见认为人们出于保护内群体和贬抑外群体的心理机制,在语言使用中存在对外群体的刻板印象或对内群体的偏爱,更倾向于使用更抽象的语言描述与刻板印象一致的外群体成员的行为。[④]例如,分析西方媒体的汶川地震报道发现,跨文化报道是否存在偏见不在于新闻报道的议题和正面负面新闻的多少,而在于是否用刻板印象主导新闻话语。[⑤]语言的偏见来自人的动机与认知机制,以一种更难以被察觉的方式反映主导文化的种族意识形态。[⑥]跨文化报道内容方面

---

① E.Said, *Covering Islam: How the Media and the Experts Determine How We See the Rest of the World*, London: Vintage, 1981.

② P.Schlesinger, *Putting 'Reality' Together: BBC News*, London: Constable, 1979. Cited from: C. C.Lee, J.M.Chan, Z.Pan, &C. Y. K. So, "National Prisms of a Global Media Event" in J. Curran & M. Gurevitch (eds.), *Mass Media and Society*, London: Arnold, 2000, pp.295-309.

③ T.Gitlin, *The Whole World is Watching: Mass Media in the Making and Unmaking of the New Left*, Berkeley: University of California Press, 1980; G. Tuchman, *Making News: A Study in the Construction of Reality*, New York: Free Press, 1978.

④ G.W. Allport, *The Nature of Prejudice*, MA: Addison - Wesley, 1954; G. W. Bradley, "News Media's Relationship with Stereotyping: The Linguistic Intergroup Bias in Response to Crime News", *Journal of Communication*, Vol.56, 2006, pp.289-308.

⑤ 单波:《跨文化传播的问题与可能性》,武汉大学出版社 2010 年版,第 231 页。

⑥ 单波:《跨文化传播的问题与可能性》,武汉大学出版社 2010 年版,第 163 页。

的伦理问题涉及新闻社会生产、语言文化和心理机制，因而难以察觉，也不易避免。

四、职业理念与社会责任的矛盾

第四类问题是报道后果维度的问题。在国际新闻报道中还常常面临严重后果所产生的责任伦理问题。在战乱、文化种族冲突严重和恐怖主义不断蔓延的地区，当新闻报道有可能引发种族仇恨、爆发冲突或扩大敌对事态时，记者如何在告知公众与权衡后果的职业要求与社会责任之间取得平衡，是国际报道中常见的伦理困境。视客观性为职业理念的记者，会对有碍或有悖客观报道和告知公众的因素保持警惕，无论是信息控制、市场霸权，还是以文化差异、情境差异、报道后果等其他形式出现的各种因素。在对全球记者的新闻文化调查中，研究者发现西方记者更认同全球统一的职业规范，对情境化的、地区化的行为规范不太认同。①而更倾向于发展新闻观、和平新闻观的记者则可能权衡考量报道后果和社会责任。

也有记者与学者开始探讨跨文化报道中既有报道模式的适应性问题，在告知公众和规避冲突的两难困境中，一些新的新闻理念与实践开始出现，例如冲突敏感性新闻（conflict-sensitive journalism）与和平新闻（peace journalism）的倡导与尝试。倡导者们认为简单重复的传统型冲突报道会让当地民众感觉冲突是唯一的解决方式，而加入情境分析，对冲突原因和解决方案进行报道，或能促使冲突消解，推动和平。②这些尝试性的实践与理念虽然存在争议，但由于国际新闻报道常常面临引发仇恨与冲突的伦理困境，对于职业要求和社会责任如何平衡的探索和讨论必要性得到认同。

---

① T.Hanitzsch, F.Hanusch, C.Mellado, M.Anikina, et al., "Mapping Journalism Cultures Across Cultures", *Journalism Studies*, Vol.12, No.3, 2011, p.285.

② R.Howard, "Conflict Sensitive Journalism in Practice", *Journalism Ethics*.info/global_journalism_ethics/conflict_sensitivity_in_practice.htm.

五、跨文化新闻伦理问题的实质

伦理问题产生于实践，新的实践带来新的伦理问题，催生新的探讨，继而再付诸实践，检验形成新的理论建构，通过实践与理论的辩证互动过程，形成一种伦理建构的动态循环。国际新闻报道可能出现的各类伦理问题，实质上是新闻球土化（Glocalization）实践过程中出现的新问题，是在既有伦理体系中引入批判的和跨文化视角的理论探讨。20 世纪 90 年代由美国社会学家罗兰·罗伯逊教授提出的“球土化”观念融合了“全球化”与“本土化”概念，弱化全球与本土之间的对立与冲突关系，强调二者之间的相互渗透与发展的互动关系。[①]传播技术的发展推动了新闻生产全球化，本土原有的新闻伦理规范与产制惯习与全球化带来的外来体系发生碰撞、冲突、融合而最终进化演变为新的规范与产制体系，在此过程中以西方新闻理念与操作体系为主导的“新闻全球化”与多元多样的本土理念与实践所代表的“新闻本土化”既有共同之处，也存在差异与冲突，二者在对立统一中相互影响与作用，形成一种双向互动的“新闻球土化”进程。而新闻全球化过程中遭遇的种种伦理问题，正是新闻伦理体系“全球化”与“本土化”在双向互动过程中相互影响与作用的反映。本土新闻伦理主要针对以国家或地域为单位的本土新闻实践的问题与规范，反映区域主导地位的价值与文化。即使在非单一或同质文化的区域，由于政治社会体系的一致性，非主导地位的文化与族群也容易被边缘化或被忽略。全球化过程中逐渐增加的本土媒体报道国际新闻的跨国、跨文化报道实践，是一种全球化与本土化碰撞互动的实践过程，在此过程中产生了上述种种新的跨文化伦理问题，以及针对这些问题的探讨。因此，新闻伦理正在经历着球土化的双向过程，既受全球化影响，又结合本土文化背景，形成

① R.Robertson，“Glocalization：Time－Space and Homogeneity－Heterogeneity”，in F.Mike，S.Lash，R.Robertson（eds.），*Global Modernities*，London：Sage Publications，1995.

新的意义。①

新闻球土化的观念超越了全球化与本土化的二元对立，是二者在权力与文化差异这两个维度下相互影响的过程。从这两个维度来探讨新闻球土化过程中产生的四类跨文化伦理问题，可以更进一步逼近问题的核心。报道者面临的问题，既有文化差异导致的不同伦理原则与释义的冲突，亦有源自社会权力不平等的伦理适应性问题；被报道者的伦理问题，既存在记者与消息来源和报道对象之间的权力问题，也是在功利主义伦理原则和公平或兼爱等其他原则之间的差异与选择问题；报道内容问题，既有国际传播中权力不平衡导致的意识形态框架问题，也有群体间语言偏见及其他跨文化心理导致的刻板印象问题；报道结果问题一方面是跨国跨文化信息的自由与控制之间的权力问题，另一方面也是对新闻社会功能与角色的不同理解的新闻文化问题。当然，新闻伦理问题中也有经济维度的影响，例如媒介集团的全球化加深了报道内容的同质化问题，等等，但在跨国报道的伦理问题中，最核心的两个影响维度还是权力与文化的因素。分析权力与文化两大因素及其影响的意义，在于针对跨文化伦理问题探讨应对和解决方案时，应该具有批判性的和跨文化的视角，批判地审视既有伦理体系在国际报道中的权力不平等，以尊重和协商的态度面对国际报道中相互碰撞的新闻伦理和文化差异。

---

① H.Wasserman，S. Rao，"The Glocalization of Journalism Ethics"，*Journalism*，Vol. 9，No. 2，2008，p.167.

第二章　外派记者的跨文化能力

应对本土媒体报道国际新闻的跨文化伦理问题，需要探讨问题的产生根源和影响因素，才能更有针对性地分析解决问题的路径选择。本书从以下四方面探讨跨文化伦理问题的产生根源与影响因素：外派记者的跨文化能力、国际报道的内容偏向、国际新闻的生产问题、新闻伦理及推理抉择模式的跨文化适用性，分别分析报道者、报道内容、生产过程与报道规范维度的不同因素如何共同作用和影响国际新闻报道中的跨文化伦理问题。

增强我国媒体的国际传播能力和对外话语体系建设，离不开记者跨文化能力的提升。跨文化素养与能力水平影响外派记者在海外报道时对不同伦理准则跨文化差异的判断、对报道对象的跨文化风险认知与建构他者的可能偏向，以及对国际报道后果的衡量。本章聚焦报道者维度的影响因素，考察外派记者的跨文化能力及其特点与问题。我国媒体"走出去"进行跨国、跨文化采访报道已越来越常见，除了不断完善报道内容，也需要记者加强和重视信息采集能力。[①]跨出国门报道国际新闻的外派记者主要分为两类，即各媒体在国外记者站的驻外记者和临时派往新闻发生地的外派"空降"记者。[②]驻外记者一

---

① 李宇：《增强国际传播力背景下驻外记者的素养与选拔》，《中国记者》2011 年第 11 期。

② 刘昶：《国际一流媒体驻外记者选派机制解析——兼议全球传播语境中的中国驻外记者站建设》，《电视研究》2011 年第 12 期。

般在国外记者站轮岗驻站，生活和工作时间较长，但设立海外记者站的媒体不多。如果缺乏驻外记者站，或驻外记者难以到达某些新闻现场，媒体往往外派国内记者临时“走出去”参与国际报道。与驻外记者相比，临时外派的“空降”记者缺乏对新闻事件背景与社会文化的深入了解，也缺少长期培育的人脉关系与报道资源，面临更多困难与问题。①因此，外派记者的跨文化能力成为影响国际报道的重要因素之一。

随着我国国际传播能力建设向纵深推进，媒体外派记者到世界各地的新闻现场采访报道也越来越常见，考察外派记者的跨文化能力，对于分析和增强国内记者的国际报道力，提升我国媒体“走出去”的国际传播力，具有重要意义。基于此，本书所关注的外派记者为这类平时在国内报道，接到任务临时特派到境外新闻现场进行采访报道的“空降”外派记者。本章尝试探讨媒体记者跨文化能力的构成要素，以拜拉姆（Byram）跨文化能力构成维度模型作为分析框架，对外派记者的跨文化知识、态度、技能、意识四个构成维度进行考察，分析外派记者的跨文化能力现状及其特点与存在的问题，在此基础上尝试更有针对性地探讨媒体记者跨文化能力提升的路径。

第一节　跨文化能力相关研究

一、跨文化能力研究的发展

跨文化能力研究源于20世纪70年代的美国，随后在欧洲也逐渐发展，各国研究者们从不同角度用不同方法探讨跨文化能力的内涵、构成和培养等议题。跨文化能力最早由美国社会语言学家海姆斯提出，在国内外相关文献中，跨文化能力还存在一些相似概念，比如跨文化交际能力等。有研究者认为跨

① 唐佳梅：《在异国他乡的新闻现场——空降记者的困境与问题》，《新闻记者》2016年第3期。

文化能力是人们在不同的、特定的文化语境下，成功进行交流交际的能力，将跨文化能力总结为三个维度，认为跨文化能力的发展是一种持续渐进的学习过程。①皮德森通过三个阶段的能力来讨论跨文化能力的构成，他认为意识、知识和技能应该同步发展。②佩奇用有效性来表达跨文化能力，认为跨文化能力主要受到六种因素的影响，这些因素包括：知识、个人品质、交际技能、意识、能力、情境因素，其中交际技能是最重要和最突出的因素。③兰伯特从全球能力角度切入分析跨文化能力，进而阐释跨文化能力的相关因素，英格利在兰伯特研究基础上总结出全球化能力具备的五要素。④

拜拉姆认为跨文化能力是由知识、解释和联系技能、发现和互动技能、态度和批评性文化意识构成。鲁斯缇格等将跨文化能力分为相关知识、动机和行动三部分，认为跨文化能力中参与者在互动过程中的表现不是单独形成的，而是一种互动过程。⑤迪尔多夫则认为跨文化能力包括跨文化知识、技能、意识和态度，以及跨文化情景下有效得体的交流能力。⑥在各位学者提出的跨文化能力构成要素中，拜拉姆从知识、意识、技能、态度四个维度提出的跨文化能力模式较有影响力，认可度较高。

梵缇尼认为尽管研究者们对跨文化能力的定义各有特点，但其中三个方面的能力要素比较确定，即发展和维持人际关系的能力、有效沟通降低误会的

---

① J.M.Bennett, "Towards Ethnorelativism: A Developmental Model of Intercultural Sensitivity", in R.M.Paige (Ed.), *Education for the Intercultural Experience*, Yarmouth, ME: Intercultural, 1993, pp. 21-71.

② V.J.Pruegger, T.B.Rogers, "Intercultural Sensitivity Training: Methods and Assessment", *International Journal of Intercultural Relations*, Vol.18, No.3, 1994, pp.369-387.

③ R.M.Paige, "Education for the Intercultural Experience", *Modern Language Journal*, Vol.79, No.3, 1993, p.437.

④ S.L.English, "Internationalization through the Lens of Evaluation", in J.A.Mestenhauser, B.J. Ellingboe, (Eds.), *Reforming the Higher Education Curriculum*, Phoenix, AZ: Oryx, 1998, pp.179-197.

⑤ L.W. Myron, *Intercultural Competence: Interpersonal Communication across Culture*, Shanghai Foreign Language Education Press, 2007.

⑥ D.K.Deardorff, "Identification and Assessment of Intercultural Competence as a Student Outcome of Internationalization", *Journal of Studies in Intercultural Education*, Vol.10, 2006, pp.241-266.

能力，以及顺利与他人合作的能力。当人们互动时对跨文化能力的要求更加复杂，在不同文化中的差异性也会增加。跨文化能力可以通过行为表现或态度特征来体现，通常包括：尊重、同理心、灵活性、耐心、兴趣、好奇心、开放性、动机、幽默感、对模棱两可的容忍度、愿意暂停判断等态度。跨文化能力的构建也包含五个维度，即意识、态度、技能、知识和外语熟练程度。有人认为跨文化能力需要掌握文化知识，而有些更强调某些必要的技能。积极的态度和意识对跨文化沟通的成功更为重要，跨文化学者通常认为意识影响知识和技能。意识导致更深层次的认知、技能和态度，意识也随着这几方面的发展不断增强。意识发展对于跨文化能力的提高非常重要，推动意识发展的力度，能够直接或间接地影响跨文化能力。①关于跨文化能力的具体定义和构成要素，随着研究者们多年的深度探讨，已经形成众多不同视角的研究成果，也逐渐形成一些共识。迪尔多夫通过德尔菲调查研究得出数据结果，发现拜拉姆的跨文化能力构成模式认可度最高。②

从20世纪90年代开始，陆续有学者将国外的跨文化能力研究成果引介到国内。国内跨文化能力研究起步较晚，但发展比较迅速，逐渐深入开展。国内学者对跨文化能力的定义各不相同，国内研究较多使用“跨文化交际能力”，更多涉及对跨文化交际能力的探析，研究范围和研究对象主要集中在外语教学研究和跨文化教学对象，目前对跨文化交际能力的研究方法较多采用定性分析方法。③

在国内学者的跨文化能力相关研究中，贾玉新总结了跨文化能力包括基本交际能力、情感和关系能力、情节能力与交际方略在内的四种跨文化能

---

① A.E.Fantini,“A Central concern：Developing Intercultural Competence”, retrieved from http://www.sit.edu/publications/docs/competence.pdf, 2000, pp.26-27.

② 吴卫平：《中国大学生跨文化能力综合评价研究》，博士学位论文，华中科技大学2014年。

③ 樊葳葳、吴卫平、彭仁忠：《中国大学生跨文化能力自我评价分析》，《中国外语》2013年第6期。

力。[①]许力生和孙淑女认为跨文化能力是人的一种特殊交流能力，应该包括动机、知识、技能、语境和效果五个重要方面。[②]何加红认为跨文化交际能力是人们在与不同语言文化背景的互动者交往过程中体现出的跨文化能力水平。[③]徐佳认为跨文化能力是由意识、情感、实施途径等综合因素复合而成的概念。[④]吴卫平根据国内外研究者的相关成果，对跨文化能力作了如下定义：通过成功运用个人的跨文化资源（知识、技能、意识和态度），在各种跨文化情景下与来自不同语言和文化的对象进行有效而恰当的交流和互动的综合能力。[⑤] 虽然国内研究者们对跨文化能力的构成要素各有见解，但从知识、态度、技能和意识维度探讨跨文化能力形成了一定的共识。

二、跨文化能力研究的相关议题

跨文化能力研究的相关议题主要侧重以下几方面。

第一，探讨外语教育与跨文化交际能力的相关研究。研究者从培养和课程设置以及语言等方面阐释外语教学中的跨文化能力相关问题。樊葳葳指出我国外语教育更注意语法、语音和词汇教学，忽略培养学生学习使用语言进行跨文化交际的能力，研究认为外语教学不仅要重视外语语言的学习，更应该重视跨文化能力教育，帮助学生培养一定的跨文化交际能力。[⑥]

第二，跨文化能力培养的相关研究。研究者从文化移情能力和认知能力等方面深入研究跨文化能力的培养。许力生等人在研究中提出了跨文化能力培养模式，在现有跨文化能力培养模式的基础上探讨具有实践操作可能的模

① 贾玉新：《美国跨文化交际研究》，《外语学刊（黑龙江大学学报）》1992 年第 3 期。

② 许力生、孙淑女：《跨文化能力递进——交互培养模式构建》，《浙江大学学报（人文社会科学版）》2013 年第 4 期。

③ 何加红：《“一带一路”背景下高校翻译专业学生跨文化交际能力现状与培养策略》，《外语教育与翻译发展创新研究》2018 年第 7 期。

④ 徐佳：《跨文化能力概念模型内涵的扩展研究》，《湖北社会科学》2018 年第 1 期。

⑤ 吴卫平：《中国大学生跨文化能力综合评价研究》，博士学位论文，华中科技大学 2014 年。

⑥ 樊葳葳：《外语教育与跨文化交际能力的培养》，《高等教育研究》1999 年第 2 期。

式，并在模式构建中加入全球化发展的语境。①

第三，对跨文化能力内涵的探讨。徐佳以在国内学习的外国学生以及有出国交换学习经历的中国学生的跨文化互动为分析对象，通过分析跨文化能力的主要概念要素，结合中国文化，将跨文化能力分解成跨文化理解力、跨文化共情力、跨文化互动力以及跨文化反思力四方面，不仅关注认知层面（如跨文化理解力、跨文化反思力），也注意行为要素（如跨文化互动力）。②跨文化四要素框架中体现出本土特点，具有一定的创新性。蒋瑾对跨文化能力进行分类归纳，提出跨文化能力的培养要关注跨文化交流中体现的各种能力，需要将跨文化能力作为整体能力进行培养。③

长久以来，跨文化交际研究受到西方理论传统影响，现有的跨文化能力维度构成主要围绕西方交际理论展开研究，以西方理论取向和价值为核心，缺少本土视角的研究探索。许力生对上述问题进行反思，并在此基础上重新梳理跨文化能力的构建，尝试突破本土视角缺位的研究局限，转换方法和角度。许力生认为跨文化能力是超越所有特定文化的能力，能使不同文化群体的人们在相互交往、交流中更充分地实现话语共通，尽可能保留个人文化身份的同时又最大限度地接近与理解对方。提高跨文化能力不只是克服交际困难的有效方法，更要突破原有文化对交际行为的固化与影响，使参与互动双方充分表达自己的文化，消除误解，互相理解，获得真正意义上的沟通，使互动交往达到更深入的程度。④

三、跨文化能力的研究对象

跨文化能力的研究对象主要包括以下几类。

---

① 许力生、孙淑女：《跨文化能力递进——交互培养模式构建》，《浙江大学学报（人文社会科学版）》2013 年第 4 期。

② 徐佳：《跨文化能力概念模型内涵的扩展研究》，《湖北社会科学》2018 年第 1 期。

③ 蒋瑾：《跨文化能力分类及培养的思考》，《比较教育研究》2013 第 9 期。

④ 许力生：《跨文化能力构建再认识》，《浙江大学学报（人文社会科学版）》2011 年第 3 期。

第一类,翻译员的跨文化能力。金艳等人探讨口译员的跨文化意识,认为口译员如果不能将需要翻译的信息准确地传递给目标听众,就不能很好地实现译员在沟通语言文化中的桥梁作用。要有效、准确地翻译表达各种文化信息,不仅需要加强语言基本功和知识积累,更要了解中西方文化差异,主动加强跨文化意识的培养,避免跨文化交际的阻碍。①

第二类,大学生的跨文化能力。吴卫平、樊葳葳和彭仁忠参考拜拉姆的跨文化能力构成与评价模式,对中国大学生的跨文化能力进行实证研究。通过大学生ICC评价量表,测量本国文化知识、外国文化知识、态度、跨文化交流技能、跨文化认知技能、意识六个维度的主要能力指标,探讨大学生的跨文化能力现状。②研究根据研究对象的特点设计能力测评量表,具有一定参考价值。

第三类,城市或区域的跨文化能力。鲁翌以衡阳市作为研究对象,对城市的跨文化能力建设进行分析,为提升衡阳市城市文化软实力提供参考。③将城市作为研究对象,考察城市的跨文化能力,是扩展跨文化能力研究对象范畴的尝试。

第四类,国际商务人才的跨文化能力。随着"一带一路"倡议的实施,境内外的交流增多,电子商务蓬勃发展,国家经济发展更加快速,国际商务步入了经济发展的新常态,对国际商务人才的跨文化能力考察相继开展。朱铮铮就"一带一路"商贸发展背景下如何培养高素质、高水平国际商务人才的跨文化能力进行探讨,并针对能力现状特点提出有效建议。④

第五类,涉外警务人才的跨文化能力。全球化发展过程中,国际形势日益

---

① 金艳、陈铭:《从温家宝总理2008年的记者招待会看口译员的跨文化意识》,《西南民族大学学报(人文社科版)》2008年第1期。

② 吴卫平、樊葳葳、彭仁忠:《中国大学生跨文化能力维度及评价量表分析》,《外语教学与研究》2013年第4期。

③ 鲁翌:《城市跨文化能力建设探讨——以衡阳市为例》,《英语广场》2017年第9期。

④ 朱铮铮:《"一带一路"文化交流背景下商务人才跨文化能力研究》,《文化创新比较研究》2017年第32期。

复杂,国际警务合作更加频繁,涉外警务工作中的跨文化交流日渐增多。蒋荣丰对涉外警务人员的跨文化能力技能进行探讨,研究指出除了文化和语言技能,还需要建立身份认同,及时反思适应,研究还对涉外警务人员的培养方式提出建议,提出通过互联网评估和实践教学来帮助提升跨文化能力,培养符合国家发展需求的高素质涉外警务人才。①

第六类,记者的跨文化认知与能力。随着加强国际传播能力建设的推进,国际新闻采写能力提升成为当务之急,媒体加大了驻外或外派记者的培养工作。驻外记者的跨文化能力也成为相关研究的关注议题。李宇对当前选拔驻外记者的标准、驻外记者应该具备的专业素质和功能角色等方面进行考察分析,认为驻外记者应该具有的跨文化素养包括语言能力、知识结构、应变协调能力、现场表达能力等综合能力。②谷萍、闵津和林砾以 2016 年《长江日报》"一带一路"跨国探访系列新闻报道的 9 名记者为访谈对象,结合记者们在跨国采访报道中的体验观察,探讨记者对"一带一路"中国企业采访和报道的思考,以及记者对跨文化能力的具体认知。研究认为,记者在"一带一路"跨国新闻报道中需要认识到文化敏感性、尊重文化差异性、提升文化适应性的问题。③该研究对记者跨国报道的跨文化认知研究是国内少数针对记者跨文化能力的研究。

关于跨文化能力的研究对象,国外研究从初始主要考察海外维和部队士兵,到移民、留学生、跨国公司外派人员等群体,关注跨文化背景下哪些技能能够确保环境适应、交流顺利和任务完成,主要解决来自不同文化背景的人们之间跨文化交流的重要问题。④国内跨文化能力的研究对象主要集中在外语教

---

① 蒋荣丰:《涉外警务人员跨文化交际能力的培养》,《江苏警官学院学报》2005 年第 6 期。

② 李宇:《增强国际传播力背景下驻外记者的素养与选拔》,《中国记者》2011 年第 11 期。

③ 谷萍、闵津、林砾:《"一带一路"跨国探访报道中记者的跨文化认知与反思》,《中国媒体发展研究报告》2017 年。

④ 肖芬、唐聘莉:《新常态下国际商务人才跨文化能力的培养路径》,《学习与实践》2015 年第 6 期。

学中学生的跨文化能力。针对新闻媒体记者的跨文化能力研究比较缺乏。随着新闻全球化的发展,越来越多的国内记者参与到跨国报道的新闻实践中,记者作为跨文化传播的重要载体,在跨文化信息流动中扮演着重要角色。记者跨文化环境下采访报道的成功需要突破“去语境化”现场的困难,媒体派出到海外报道的记者应该具备足够的跨文化能力,这种能力直接影响采访报道任务的顺利完成。①

梳理国内外学者的跨文化能力相关研究发现,针对跨文化能力的定义、构成要素、评价方法和理论模型方面的讨论还缺乏普遍标准和认同,大多依照国外的研究量表和评价模型进行实证研究,本土视角的理论反思和建构较少。跨文化能力的研究对象方面则比较缺乏对媒体记者跨文化能力的考察。

第二节　外派记者的跨文化能力考察

一、跨文化能力的分析框架

针对跨文化能力构成要素的研究来自不同视角,也逐渐形成一些共识。迪尔多夫通过德尔菲调查发现,拜拉姆的跨文化能力及其构成要素研究获得了较高认可度。②本书对外派记者的跨文化能力考察以拜拉姆的跨文化能力模型作为分析框架。拜拉姆认为跨文化能力由知识、解释和联系技能、发现和互动技能、态度和批评性文化意识组成,可归纳为知识、态度、技能和意识四个维度。知识维度包括本国和外国的语言、文化和交际策略等知识;态度维度包括对其他文化的好奇心和开放度,以及尊重和包容不同文化的态度;技能维度主要包括能够在跨文化交流活动中探索和运用相关知识,解读不同文化因素

① 唐佳梅:《中国新闻媒体跨国跨文化采访报道的困境与路径研究》,人民出版社 2017 年版。

② 吴卫平:《跨文化能力综合评价:理论与实践》,中国社会科学出版社 2015 年版。

并联系本土现象的技能，以及恰当应对跨文化问题，通过互动交流解决沟通问题的能力；意识维度主要包括批判性的文化意识，对本土文化和其他文化的价值观、信仰和社会实践具有评估和反思能力。① 拜拉姆的跨文化能力构成如表 2-1 所示。

表 2-1 拜拉姆(Byram)跨文化能力构成维度

	技能(解读与联系)	
知识 (本国/他国文化和交际)	意识 (批判性文化评估和反思)	态度 (好奇心、开放度、尊重和包容)
	技能 (探索与应对)	

二、外派记者的跨文化能力考察

跨文化能力相关研究的常用方法为调查问卷法与深度访谈法。调查问卷法主要使用跨文化能力评价量表对研究对象的跨文化能力进行评测，深度访谈法则更深入调查不同维度的跨文化能力及其特点。本书主要聚焦外派记者跨文化能力现状与特点，采取以深度访谈为主，自评问卷为辅的研究方法。自评问卷主要用以考察外派记者的跨文化能力认知现状，受访记者在接受访谈前对跨文化能力进行自测，随后进行半结构式深度访谈。调查期间共有 18 名来自不同媒体的外派记者参与自评和访谈，其中 15 名为面对面访谈，3 名为电话访谈。受访记者主要来自电视和纸媒，但在媒体融合背景下，所有记者都在向全媒体记者转型。18 名受访对象均为平时在国内采访报道，曾被一次或多次派到境外完成采访任务的外派记者。外派目的地包括英国、法国、俄罗

① M.Byram, *Teaching and Assessing Intercultural Communicative Competence*.Clevedon, UK: Multilingual, 1997, p.10；徐佳：《跨文化能力概念模型内涵的扩展研究》，《湖北社会科学》2018 年第 1 期。

斯、泰国、缅甸、新加坡、马来西亚、越南、日本、尼泊尔、阿联酋、意大利、巴西、德国、韩国、马拉维、卡塔尔、澳大利亚、印度、墨西哥、巴拿马、南非、西班牙、乌克兰、波兰、利比亚、以色列、巴勒斯坦、埃及、巴基斯坦、斐济、瓦努阿图、新西兰、葡萄牙、巴布亚新几内亚、土耳其、菲律宾等四十多个遍布各大洲，社会文化背景迥异的不同国家和地区。深度访谈旨在深入了解受访对象的外派采访经历及报道过程中所反映的跨文化能力及特征。访谈根据拜拉姆的跨文化能力多维度模型（知识、态度、技能、意识），针对四个维度分别设计开放性问题，根据外派记者的不同经历进行多次半结构式访谈，并分析归纳外派记者跨文化能力的特征与问题，探讨如何提升记者的跨文化采访报道能力。根据相关研究伦理与事前约定，参与深度访谈和自评的记者均以编号标识。

第三节　外派记者的跨文化能力现状与问题

本节通过对 18 名外派记者进行自评问卷和深度访谈，以拜拉姆的跨文化能力构成模型为分析依据，从不同维度对外派记者的跨文化能力及特征进行分析归纳。

一、跨文化能力的知识维度

跨文化能力的知识维度包括了解他国的历史、地理和社会制度，社交礼仪和宗教文化，生活方式和价值观，文化禁忌，不同文化的基本规范和行为，跨文化交流与传播策略技巧等方面的知识。不少记者在出国采访报道之前，不仅接受语言沟通方面的基本训练，还须了解报道国家的相关情况，有出境采访经历的记者会被优先考虑外派。①

GJ008 记者曾被派到泰国采访汉语的推广情况："我要去报道国

① 刘昶：《国际一流媒体驻外记者选派机制解析——兼议全球传播语境中的中国驻外记者站建设》，《电视研究》2011 年第 12 期。

家对外推广汉语的情况，还有孔子学院、一些侨办外办教育机构的状况，汉语志愿者在泰国的教学情况等。出发前我开始在网上搜索相关资料，看看泰国的情况，还要了解一下当地的宗教、禁忌，以及当地人的生活习惯等。”

在出发前的准备工作中，除了准备采访工具等硬件设备，受访记者多次提及信息资料的准备，记者们认为出发前尽量了解采访对象国的历史、地理、社会制度、宗教信仰以及文化禁忌等方面的信息非常重要。

（一）了解他国知识的方式

外派记者一般通过两种方式了解采访对象国信息，一些记者对外国历史文化感兴趣，平时注意积累相关知识；另一种方式主要通过前期准备有针对性地搜索与新闻选题相关的信息。

GJ106记者的了解方式是两种兼有："最重要的还是内容的准备，采访问题的准备、主题理念、拍摄脚本，毕竟主要目的是完成采访。我是学国际关系出身，所以对国外历史、政治、文化知识应该算有一些积累。我们每到一个国家采访之前，会提前把背景知识材料整理出来，给每个成员都发一份，包括在当地需要注意的事项，毕竟像我们中国电视媒体团队出去，在当地特别显眼，发达国家什么的还好办，到一些相对战乱的地区，我们就会特别提醒，基本上形成习惯，制片负责整理相关知识，一些文化禁忌都会提醒大家。"

GJ002记者被派往卡塔尔报道亚洲杯足球赛之前则是通过和同事交流来了解当地情况。

GJ002："我在去之前也会跟同事交流，有很多同事去过中东地区，这是相对特殊的地方，我自己也会做一些了解，我觉得禁忌这方面，特别是在伊斯兰国家，该干什么不能干什么得非常小心。"

通过自评和访谈发现，受访记者了解外国知识的方式，一般通过平时积累、上网搜索、跟同事朋友交流、单位统一整理等方式获取,较少请教专家,区域国别或新闻事件相关领域的研究者一般较少参与外派记者的知识准备过程。

(二) 了解他国知识的内容

受访记者了解他国知识的内容一方面基于个人兴趣,另一方面根据采访主题突击准备。

GJ017 记者被外派到土耳其,就“一带一路”主题进行横跨欧亚大陆的体验式采访,出国前做了大量准备工作,对土耳其经济发展和历史文化的知识准备有助于顺利完成采访任务。

> GJ017:“出发之前看了一些土耳其的经济数据,了解他们推广旅游业的经济背景。还会看一些土耳其的旅游资讯、地理知识和宗教文化情况,土耳其历史特别厚重,所以要学习,也是为了到达之后能够跟那里的人对话,特别要了解宗教方面的禁忌,很多东西是以讹传讹的,我们对外国的宗教文化不了解,就一定要做这方面的准备,不做准备是不行的,土耳其历史悠久,当你跟采访对象聊天,讲什么都不懂就很容易把天聊死了,没办法顺利完成采访。”

突击知识储备常常不够深入,到境外才发现知识不足会导致交流障碍。GJ009 记者去波兰报道欧洲杯赛事,出发前已对波兰的历史文化做过一些功课,但在当地还是遇到了自己不了解的宗教文化习俗禁忌。

> GJ009:“我记得是去波兰采访,我和一个摄影记者出去扫街,想拍点当地人的照片,然后看到一个宗教场所,站在门口的女士表情很凶,她通过肢体表达了一下意思,大概是说这是一个神圣的地方,不可以随便拍照,我们询问是否可以进去参观,她就拿出一个帽子,表示戴上帽子才能进去。我们去之前并没查到当地有这种宗教,也完全不了解相关习俗,感觉交流过程很尴尬。”

二、跨文化能力的态度维度

跨文化能力的态度维度是指对不同文化的好奇心、开放度，以及是否尊重与包容他国文化。具体包括：愿意掌握好外语并了解外国人；愿意和不同文化的外国人互相交流学习；愿意尊重包容不同价值观、生活习惯和禁忌等态度。受访记者们均认为友好开放的态度有助于顺利完成采访，对采访对象及新闻现场的好奇心则可能发现更多报道角度。

> GJ009："我们出去应该尝试多和外国人交流，至少我是很想和他们多交流。我发现，跟当地人用主动友好的态度交流，他就会给你提供更多采访信息，这也是作为记者的一种能力，我出国采访都会去穿当地的衣服，品尝当地的食物，他们也会觉得这是友好的表现。"

（一）愿意掌握外语并了解外国人的态度

受访记者对掌握外语和了解外国人的态度均表现出积极面向。

> GJ004："我很愿意掌握好外语去了解外国人，沟通的过程就是跨文化交流的过程。我希望了解他们的生活习惯，还挺愿意也挺喜欢跟他们打交道。"

除了小语种背景的记者，大多数外派记者主要是提升英语能力，如果英语沟通能力欠缺或需要其他语种交流，就需要使用翻译软件或聘请当地翻译和向导。

（二）愿意交流的态度

大部分受访记者表示愿意与外国人交流，不仅是为了完成工作，也能了解当地普通人的生活方式或观点立场。

> GJ014："采访结束后我碰到一个德国人，当天下暴雨，我们都被困在一个门口，我主动和他打招呼，问他是东德人还是西德人，他说

是西德人，但后来搬到了东德，我就问他觉得东德和西德的差距到底有多大。因为我了解德国的历史背景，他很愿意和我沟通。这不仅是记者的职业习惯，我跟他聊不是为了写报道，而是对我所知道的东西有了更加感性的认识，他说的内容我都很希望多了解。”

（三）愿意包容差异的态度

境外采访难免碰到文化差异，对于差异的宽容态度影响着外派记者与采访对象的关系和互动。受访记者在愿意包容不同价值观、生活习惯、禁忌习俗等三方面均表现出较高的职业素养和积极态度。

GJ017记者认为应该尊重采访对象的文化差异，心怀好奇心，不随意评价，世界之大、丰富之美也正体现于文化多元和多样性。

GJ017：“我们采访过一些非洲国家的人，确实可能大家都需要适应，那种着装满身都是孔，穿那种大袍子，男的有好几个老婆，而且都特别胖，一般的椅子是坐不下去的，但是在他们当地的审美里面，这就是富裕、繁衍能力强的象征，存在即合理，人家祖祖辈辈都这么生活的，我们作为过客不能用自己的标准去判断别人，美与丑放大到国际的范围、时间的长河来说都是很小的相对的东西，我们觉得瘦瘦的是美，他们觉得那样子才是美，我们尊重就好。”

在跨文化能力的态度维度，受访记者对外国文化怀有好奇心，愿意与外国人交流，尊重和包容文化差异，总体面向积极。

三、跨文化能力的技能维度

跨文化能力的技能维度主要强调解读联系跨文化现象和探索应对跨文化问题。具体包括：使用外语和不同社会文化背景的对象交流；出现跨文化误解时能够解释沟通；具有跨文化差异的敏感性；报道其他国家的事件能够多角度看待问题；跨文化报道中的采访突破能力等五个方面的技能。自评和访谈发现，语言能力、沟通能力、对差异的敏感性、多角度看待问题、采访突破能力均在受访记者的报道经历中得到反映。

（一）跨文化语言技能

一般外派记者能够尝试沟通的语言为英语，在非英语国家采访，当地向导、翻译、华人华侨都成为帮助记者完成报道的重要角色。也有记者认为翻译工具不断发展，语言问题不再是出国采访的主要阻碍。

> GJ002："语言肯定重要，但并不是会说英语就可以了，之前采访需要去意大利、巴西等一些非英语国家，英语就缺乏用武之地，我们一般会用谷歌翻译之类的软件，当然请翻译是一定需要的。"

向导和翻译除了解决交流问题，还能分享当地人脉信息，甚至可以通过他们的社会资源发现新的采访线索和方向。GJ011 记者去利比亚采访时请了一位当地向导兼翻译，既能翻译、带路，也能提供其他媒体向导的去向，可以侧面了解更多采访信息。

> GJ011："去利比亚报道的时候请了一个当地向导，也是阿拉伯语翻译，我们是第一次去利比亚，很多地方都不熟，向导就带着我们，毕竟他对这个国家非常了解，所以找一个好的向导事半功倍。这个向导的一些朋友被美联社、BBC 找去做向导，通过问他的朋友，昨天美联社或者其他媒体去哪里了，我们还会发现更多采访点。"

当然，无论是掌握外语，还是借用外力，在跨文化交流中参与双方应该主动、全面了解所使用的语言和特定文化背景，避免因语言使用导致的各种问题，如可能会发生的逻辑混乱、对一些用语的误用，或因文化冲突而导致交流失败。[①]

---

① 刘秀芬：《跨文化交际中的中西语言和文化的相互渗透》，《边疆经济与文化》2015 年第 10 期。

（二）跨文化沟通技能

跨国报道中难免碰到沟通障碍，消除误解、完成采访需要记者跨文化的沟通技能。提前策划选题和联系采访对象的任务，采访过程中较少出现误解，如果联系对象不同意接受采访，一般都会直接拒绝，很少直接引发矛盾。而对于突发事件或灾难报道，记者在采访对象情绪激动时提问或言行失当，又或因身份不明引发猜疑，就有可能发生误解或冲突，但这样的情况较少发生，也可以通过一些技巧去规避。

GJ012记者是一名摄影记者，跨国报道经验丰富，比较注意在国外采访不能随便拍照，因为拍照而引起误解是摄影记者外派采访时经常遇到的情况。拍照最好先征得同意，即使是联系好的采访对象也要沟通清楚，体现记者对当地习俗的尊重，避免引起对方反感或发生争执。

> GJ012："在国外的时候，语言交流不会像母语一样流畅，我们也经常遇到一些情况，比如拍了照片，但是有人要求删掉，那我会在拍照时采取友好的方式，尽量多一些微笑，表现出友好，至少让对方知道你没有恶意，因为沟通起来确实很麻烦，毕竟语境不同。我们大部分摄影记者都会去跟人家搞好气氛，这样对方可能就没有那么在意。"

在突发战乱的地区，外派记者则需强调和展露记者身份，尽量避免被误认为不明身份人士，导致误解和冲突。GJ011记者曾出入冲突地区采访报道，对此深有体会。

> GJ011："其实在国外，如果你是记者身份，当地人会包容很多，比如我去拍加沙的示威游行，只要穿一件写着记者的马甲或衣服，他们知道你是记者，就不会攻击你，记者是中立的，这样会避免一些误会和冲突。在那种环境中，你要表明我是记者，明确身份。"

除了态度友好和明确身份的沟通技巧，万一出现误解，如果不是语言问题就不要勉强继续采访,防止事态进一步恶化。当意识到自己的言行可能冒犯对方,应当尽快道歉,表明态度。外派记者会注意学习一些沟通技巧,规避误解和冲突,确保顺利完成采访。

(三) 跨文化差异敏感性

大部分受访记者对文化差异都有心理预期,甚至会将这种差异敏感性带入采访准备和报道策划中,尽量减少差异带来的阻碍。GJ013 记者的采访团队在出国前考虑到文化差异,在设计采访问题时特别注意用对方能够接受的方式表达。

> GJ013:"2017 年 9 月份去葡萄牙报道,我们跟葡萄牙人做节目采访,或者沟通交流的时候,会尽量站在采访对象的角度来考虑,一些习俗上避免冒犯别人,我知道我们有文化差异,所以设计问题要避免问到他们可能不太愿意回答的问题。"

(四) 多角度看待问题的技能

对他国发生的新闻尽量多角度理解分析,能够避免陷入主观化和简单化。GJ016 记者是国际关系专业背景的记者,在 2008 年铸铅行动时采访了以色列驻华大使和驻巴勒斯坦大使,作为中国记者,在巴以冲突中既要尽量做到客观平衡,又要多角度呈现报道,体现出中国国际新闻记者的专业水平。

> GJ016:"中国的文化背景,碰到以色列的文化背景加上阿拉伯的文化背景,这里面太多复杂的内容,涉及宗教和政治的因素,你需要了解很多资料,做大量的前期准备,或者在整个过程中间随时了解。伊斯兰教里面派系特别多,平衡性很难,而且还要顾及中国立场,尽量做到中立,多角度看待问题,但是平衡必须做到,在报道明显对垒这种题材的时候,平衡和多角度是非常重要的。"

（五）跨文化采访的突破技能

外派记者的境外采访资源比较缺乏，突破能力非常重要。在突发事件的跨国采访报道过程中，突破能力往往比其他技能更加关键。

GJ007 记者是一家纸媒的资深记者，曾去多国采访报道。他曾作为选题负责人派记者去缅甸采访，外派记者到缅甸以后与当地一家报纸的总编辑取得联系，希望通过该报介绍能够采访昂山素季，但一直未果。等待十几天之后，外派记者每天主动去政府办公楼外等候，希望能够碰到昂山素季，结果未能如愿。但等候的某一天巧遇一个后来进入缅甸政坛的重要人物，当时还在辅佐昂山素季，通过与此人沟通，外派记者获知一个特殊邮箱可以发邮件申请采访，由此得到回应，最终成功采访到昂山素季。

> GJ007："我们得到的邮箱地址可能其他家媒体都不知道，我们第一家采访到昂山素季，而且还给了我们一个多小时做专访，直到我们最后回国了，那个总编辑还在等消息，我们很高兴地告诉他，采访已经做完了。"

四、跨文化能力的意识维度

跨文化能力的意识维度强调批判性和反思性的文化意识，具体包括：跨文化交流存在文化相似性和差异性；文化风格和语言运用可能影响报道；语言、穿着和行为可能冒犯采访对象三方面的意识。

（一）文化相似性和差异性的意识

对于跨文化交流存在文化相似性和差异性，受访记者多表示到国外以后，在不同文化环境中就会产生这样的意识，特别是经常出国报道的记者，在经验中逐渐形成这种意识。GJ013 记者制作电视纪录片时，习惯在出发前对采访对象国的文化差异进行预判，减少冒犯别人的可能性。

> GJ013:“首先预设有不同思维不同想法的人存在,求同存异,我们跟别的国家采访对象交流,可能在看待一些问题上的价值观完全不一样,尽量找到一个说法是双方都能接受的,或者以他们的期待设定一个共通的情感价值链。这种意识是很必要的。”

但也有记者认为出国报道主要还是考虑完成采访,即使意识到文化相似或者差异,也不会成为思考重点。

> GJ007:“我们好像不会想太多,关注焦点是怎么把这个任务完成,其他那些沟通方式,没想那么多,因为单位把你派到这么远的地方,人力、物力各种成本那么高,你只能完成报道,但是交流的时候肯定有差异的意识。”

（二）语言文化影响报道的意识

受访记者对“文化风格和语言差异会对报道造成影响”的意识自评程度不高。GJ014 记者感觉在体育报道领域,中国记者和很多外国记者采访角度不同,可能与不同国家的读者对体育报道的期待有关,最后呈现的报道符合不同受众的兴趣习惯,从而产生不一样的采访角度。

> GJ014:“当时去澳大利亚报道体育比赛,我发现我们和外国记者在采访角度上有差异。同样是采访一个人,国外的记者问的问题是你喜欢吃什么、喜欢去哪里玩,你女朋友多大或者是一些比较个人的话题,中国记者很少问这些东西,会问你最感激的人是谁、你觉得这场比赛影响怎么样,等等,中国记者很少问受访者的个人生活,或者说我们采访角度不同,中国记者总是很想问一些技术性的东西。”

（三）可能冒犯采访对象的意识

大部分受访记者认为语言和行为不当可能冒犯别人,这一点是记者出国采访应当具备的认识,但由于文化习俗、生活习惯不同,在实际交流过程中很难及时觉察，因此受访记者在自评时没有人选择对冒犯交流对象有很强的认识。

大部分受访记者在采访前会了解国外采访对象的身份，并对采访的表达、语气、观点等方面提前做好准备，尽量觉察和规避可能冒犯采访对象的因素。GJ012 记者认为，尽管不少外国采访对象都很友好，但还是有必要了解冒犯或发生争执的可能性，毕竟文化背景不同。

> GJ012："去英国采访一家博物馆，我们其实会有一些谨慎的预设，我写邮件跟采访对象沟通的时候，会考虑很多措辞，然后发现回复过来的态度很友好，心里马上轻松很多，到了那边见到他们，发现他们其实非常简单，而且会尽量用你能明白的东西去跟你沟通。当然我还是会有这种意识，毕竟大家互相不了解，文化差异摆在那里，还是需要注意的。"

第四节　外派记者的跨文化能力分析与建议

从不同维度和构成要素了解外派记者的跨文化能力，旨在分析外派记者在知识、态度、技能、意识维度的跨文化能力现状、特征与可能存在的问题，并在此基础上提出针对性建议。综合深度访谈和自评问卷结果发现，受访记者在跨文化能力知识维度的内容方面，了解更多的是他国的历史地理、社会制度、社交礼仪、宗教文化、生活方式、价值观以及文化禁忌，对于不同文化的基本规范和行为特点、跨文化交流与传播策略和技巧等方面则相对薄弱。在跨文化知识的获取途径方面，外派记者们并非系统学习相关知识，而是更加依赖个人积累和事前准备。关于采访前的知识准备方式，受访记者主要针对采访对象国的一般知识和涉及采访选题的特定信息进行搜集整理和突击储备，通常通过自己查找或单位安排统一整理的方式完成，较少求助于相关区域国别、文化研究或与新闻议题相关的专家学者。与驻外记者相比，外派记者的跨文化能力知识维度主要依赖于个人积累和出发前的应急准备，缺乏对采访对象国的经验性了解。由于外派记者在知识获取渠道方面很少求助相关领域专家，跨文化知识也相对缺乏系统性和专业性。

在跨文化能力的态度维度，受访记者均表现比较积极，愿意掌握外语，愿与文化背景不同的对象交流，愿意理解、尊重和包容不同文化。外派记者在跨文化能力态度维度的积极现状在一定程度上反映出我国在全球化进程中的飞速发展对个体的影响。随着对外开放进程的不断推进，经济文化对外交流的持续加深，个人经历体验中的国际化元素日益增加，日渐开放的实践经验影响着更加开放的态度形成。在记者个人生活和工作中的跨国、跨文化经历逐步走向常态化的语境生态下，对不同文化的理解、尊重和包容的态度也会产生正向影响。

在跨文化能力的技能维度，受访记者在语言能力、沟通能力、文化差异敏感性、多角度看待问题、采访报道突破能力上都体现出一定的专业素养。驻外记者通常了解派驻地区的当地语言，外派记者则常常需要翻译或向导完成工作。随着翻译工具的不断进步，困扰外派记者的语言交流问题逐步改善，不再是阻碍跨国报道的关键问题，翻译和向导更多发挥着获取当地资源和信息的作用。对于外派记者而言，影响采访任务能否顺利完成更加关键的是跨文化的采访报道突破能力。因为缺乏驻外记者在采访对象国长期积累的资源和经验优势，外派记者常常遭遇各种困境，难以按照国内熟悉的方式推进工作，需要记者见机行事，尝试各种办法突破困境。语言问题可以通过技术和翻译解决，但突破能力却并非单一技能可以形成，跨文化采访的困境需要外派记者具有综合突破能力，在陌生的国度，在不同文化语境下判断形势、分析情况和解决问题，这种能力最终决定外派记者能否顺利完成任务。

在跨文化能力的意识维度，外派记者们对于文化相似性和差异性，语言文化影响报道，以及可能冒犯采访对象的情况具有一定程度的主动认知，但一般是奔赴境外现场以后才会明显觉察。虽然对于语言、行为可能冒犯交流对象有较高认识度,但并不确定具体如何表现。跨文化的意识能力比态度能力更加具体化,程度更深,要求更高。愿意理解和交流的态度,并非意味着外派记者能够意识到不同文化之间的相似性和差异性体现在何处,文化差异和报道习惯怎样影响采访报道,以及哪些言行在某种文化中或情境下可能冒犯他者。可以说,意识能力需在态度能力基础上结合系统性知识能力,二者有机结合才能逐渐内化成为外派记者的跨文化意识能力,这也是跨文化能力的态度维度与意识维度的本质区别。

整体而言,虽然缺乏驻外记者长期驻外的资源和技能优势,但随着我国国际化程度不断加深,媒体开始派出越来越多国内记者临时出境采访报道涉华事件或其他国际新闻,外派记者的跨文化知识、态度、技能、意识能力都在逐渐增强。外派采访经历次数越多的记者,其跨文化各维度技能也更强,说明外派采访报道的经验有助于记者逐步积累和提升跨文化能力。外派采访报道的类型对记者的跨文化能力要求也有一定侧重和区别,策划选题类的跨文化报道更强调外派记者的跨文化知识和技能维度,包括对采访对象国的人文习俗和社会发展等方面的了解,较好的外语水平以及沟通能力。而突发事件报道则更依赖外派记者跨文化技能维度的能力,特别是在异国他乡采访报道的突破能力。

随着我国媒体走出去报道的实践越来越常见,国内记者被外派到境外报道的机会也越来越多,前瞻性地针对一般记者进行跨文化能力素养和技能的系统培训,就能使每一位普通记者在忽然接到外派任务时更有准备。记者跨文化能力的养成和提升不仅需要积累外派采访报道经验,也需要跨文化能力的系统培训。

第三章　国际新闻的内容偏向

本章聚焦本土媒体报道国际新闻的内容偏向，从内容维度探讨跨国、跨文化报道可能出现的客观报道与他者建构的伦理问题，梳理新闻报道内容偏向及其类型。本章重点厘清相关文献中有关新闻报道偏向的类型并进行分析测量，为探究跨文化报道内容维度的伦理问题及其解决路径提供参考。

第一节　新闻报道偏向的含义

国外相关研究对"新闻报道偏向"的定义主要分为两大类。第一类认为新闻偏向是报道的准确性存在问题。例如，穆莱纳桑和施莱费尔指出"新闻偏向"是记者没有准确报道相关事实，而不是记者个人的品位或偏好所造成的问题。① 这一类定义认为"新闻偏向"是无意识形成的问题，报道内容不准确，甚至报道失实，从而造成偏向问题。

第二类定义认为"新闻报道偏向"并非指报道失实，而是报道对某一方具有特定偏向，这与报道角度的选取等因素关系密切。这一派观点的学者以麦奎尔为代表，他在大众传播与公众利益的研究中对"新闻偏向"作出如下定

① S.Mullainathan, A.Shleifer, "The Market for News", *American Economic Rreview*, Vol.95, No.4, 2005, pp.1031-1053.

义："新闻报道偏向是一种持续的偏向，即偏离客观事实的直线，要么向左，要么向右……在新闻和信息中，它指的是一种系统性的偏向，偏向于偏袒一方或某种立场。"①在这里，麦奎尔强调了"新闻偏向"具有偏向某一方的特点，而且是一种系统性偏向，不只是在一两次报道中或只在报道某部分时出现。格罗斯克洛斯、米莱约也认为新闻偏向反映了媒体普遍的意识形态偏向，而不是中立客观的观点。②也有一些学者直接把新闻偏向定义为"缺乏客观性，是对不同主体的不平衡报道"③。这些学者均认为偏向在新闻中是指报道具有特定偏向，是记者主观上对报道的某一方出现偏向，这种偏向有时也体现整个新闻机构的态度，由此产生媒体机构的系统性主观偏向。

国内相关研究也不乏对新闻偏向等相关内涵的关注，主要从影响因素、引发后果、产生机制等维度探讨新闻偏向。程晓萱把"那些有意或无意的，源自媒体财力支持，新闻从业人员及受众需求，体现在经济、政治、文化等多维度的妨碍公正判断的喜好或偏向"称为"媒体的偏向"，主要从内外影响因素角度对新闻报道偏向作了定义。④陈静则认为"媒介偏向"是指媒介在传播中没有保持平衡和公正的立场，传播了武断或错误观念，发挥了不恰当的负功能，影响了社会心理的客观认知，严重时会引发受众的偏向态度或歧视行为等社会性后果。⑤该定义主要从偏向造成的后果维度强调媒介责任。徐琴媛、杨卓颖提到，有学者将"媒介偏向"定义为"记者、编辑及其他新闻出品人的偏向，主

---

① D.McQuail, *Media Performance: Mass Communication and the Public Interest*, London: Sage, 1992.

② T.Groseclose, J.Milyo, "A Measure of Media Bias", *The Quarterly Journal of Economics*, Vol. 120, No.4, 2005, pp.1191-1237.

③ H.Brandenburg, "Political Bias in the Irish media: A Quantitative Study of Campaign Coverage During the 2002 General Election", *Irish Political Studies*, Vol.20, No.3, 2005, pp.297-322.

④ 程晓萱：《受众对真实世界的误读——论媒体倾向的多维体现》，《湖北经济学院学报（人文社会科学版）》，2006年第4期。

⑤ 陈静：《媒介倾向的社会文化根源与控制》，博士学位论文，浙江大学2009年。

要体现在新闻事件的选择和报道方式上”,[①]这种定义主要针对新闻生产环节对新闻报道偏向产生的重要影响。李思维、郭晓慧认为,“新闻偏向”是指在新闻报道中违反真实性的歪曲报道,它不仅违背了新闻真实、客观、公正的原则,而且形成的新闻失实和造假报道还会造成导向错误,[②]这一定义明确指出“新闻偏向”存在违反真实性的歪曲报道,聚焦报道内容环节,不同于其他定义主要关注新闻的生产环节。

第二节　新闻报道偏向的表现类型

在国内学者提出的偏向表现类型中,欧阳云玲、凌菁认为新闻报道中的偏向主要包括“报道数量与报道角度的选择”“词语的巧妙选择与暗示”“编辑手法与议程设置”这三种。[③]李辉认为新闻报道偏向主要表现为以下类型:1.判断失误,先入为主;2.调查浮躁,以偏概全;3.角度选取,避重就轻;4.语言隐晦,投机取巧;5.素养缺失,良知缺失。[④]朱智徐从媒体对弱势群体新闻报道的研究角度认为,新闻报道偏向包括:在报道用词和新闻事实的选择方面,媒体为了凸显弱势一方的不利地位,在报道中乱贴标签;在报道手法上,强化报道弱势方的声音,少报道甚至压制相对强势一方的声音;在报道角度上,紧紧抓住容易引起读者情感共鸣的角度进行报道。[⑤]

在国外学者的偏向类型研究中,莫里尔将偏向分为六类:1. 信息来源偏向;2. 形容词偏向;3. 副词(助动词)偏向;4. 观点偏向;5. 语境偏向;6. 视觉偏

---

① 徐琴媛、杨卓颖:《简论新闻报道中的媒介倾向——以西方媒体新闻报道为例》,《现代传播(中国传媒大学学报)》2012 年第 10 期。

② 李思维、郭晓慧:《如何避免倾向性报道》,《新闻世界》2013 年第 9 期。

③ 欧阳云玲、凌菁:《浅议跨文化传播中的新闻“偏向”》,《东南传播》2008 年第 4 期。

④ 李辉:《新闻偏向的表现形式及成因探析》,《新闻世界》2012 年第 11 期。

⑤ 朱智徐:《试论弱势群体报道中的新闻偏向》,《西部广播电视》2013 年第 8 期。

向。[①]陈静指出，莫里尔的第1、2、3类偏向出现在新闻文本中，第4类偏向主要是在新闻评论中出现，第6类指向编辑排版的偏向可能，第5类偏向程度最为严重，不仅意味着占有的篇幅大，还强调偏向的显性和有意性。[②]塞里诺对新闻中“隐藏偏向”进行归纳，分别是：新闻来源偏向；新闻选择偏向；未报道新闻偏向；新闻采访偏向；刊载位置偏向；有意排版偏向；新闻标题偏向；新闻用词偏向；新闻图片偏向；图片选择偏向；图片说明偏向；利用社论歪曲事实的偏向。[③]此外，麦奎尔对8种典型新闻偏向类型的总结，还包括消息来源、报道主题、价值观偏向等方面。[④]

国外相关研究对新闻报道偏向表现类型的探讨比较系统，具有一定的分析测量可操作性，为本书对国际新闻报道偏向的分析考察提供了参考依据。对国外的新闻偏向表现与类型研究进行梳理，归纳总结如下。

表3-1　国外研究中的主要新闻报道偏向及类型

来源	新闻报道偏向主要类型
霍夫施泰特 (C.R.Hofstetter)	1. 结构性偏向：新闻媒体通过报道的戏剧化处理来吸引受众。 2. 政治偏向：由媒体记者或管理者持有的政治观点引起的偏向。
惠特尼等 (D.C.Whitney, et al.)	1. 地理偏向：新闻事件发生地过度集中于某些地区。 2. 信源偏向：新闻报道信息来源过度依赖各级政府机构。
佩奇，夏皮罗 (B.I.Page, R.Y.Shapiro)	1. 意识形态偏向。 2. 政府偏向。 3. 民族主义偏向。
达莱西奥，艾伦 (D'Alessio & Allen)	1. 把关偏向：新闻生产各环节的议题或内容筛选偏向。 2. 报道偏向：对争议各方的报道偏向。 3. 陈述偏向：报道中嵌入观点，缺乏客观公正立场。

① 彭家发：《新闻客观性原理》，三民书局1994年版。

② 陈静：《媒介倾向的社会文化根源与控制》，博士学位论文，浙江大学2009年。

③ R.Cirino, *Don't Blame the People: How the News Media use Bias, Distortion and Censorship to Manipulate Public Opinion*. Los Angeles: Diversity Press, 1971, pp.34-35.

④ ［英］丹尼斯·麦奎尔：《麦奎尔大众传播理论（第四版）》，崔保国、李琨译，清华大学出版社2006年版。

续表

来源	新闻报道偏向主要类型
麦奎尔 (D.Mcquail)	1. 新闻消息来源均过度呈现社会上层及官方声音。 2. 新闻报道主要关注政治人物或社会精英。 3. 新闻报道强调的社会价值主要基于维持现状的共识。 4. 国际新闻集中在更邻近、富裕和强大的国家。 5. 新闻在选题、观点和呈现方面存在民族主义和种族中心主义偏向。 6. 新闻报道更关注男性。 7. 少数族群和移民被边缘化、类型化或污名化。 8. 犯罪新闻过度呈现暴力与个人犯罪,忽略其他社会风险现实。 9. 健康新闻更加关注骇人听闻的医疗事件或新的治疗方法而非预防措施。 10. 新闻报道商业领袖和雇主比工会和工人更积极正面。 11. 贫困人士和依靠福利生活的群体被忽视和(或)被污名化。 12. 战争新闻通常避免出现死亡或人员伤害的画面——净化现实偏见。 13. 资源丰富、组织良好的新闻来源有更多机会按照自身需求决定新闻框架。
恩特曼 (R.M.Entman)	1. 歪曲事实偏向:新闻歪曲或伪造现实(报道失实)。 2. 内容偏向:政治冲突新闻报道没有给予双方同等对待。 3. 决策偏向:报道偏向受到记者动机和心态影响。

如表3-1所示,在20世纪意识形态对立的冷战时代,佩奇、夏皮罗的研究将新闻偏向类型分为:亲资本主义、反共产主义的意识形态偏向,最低限度的政府偏向和民族主义偏向。①这一分类主要指向新闻报道偏向背后的意识形态差异,较少关注新闻报道的其他偏向表现形式。达莱西奥和艾伦在针对美国总统大选报道偏向的元分析研究中,提出三种类型的新闻偏向,分别为:把关偏向、报道偏向、陈述偏向。其中,“把关偏向”是指“记者和编辑在潜在的新闻事件中选择了向公众展示的事件,广义上也就舍弃了不希望被大众知悉的事件”;“报道偏向”是指媒体对不同党派的报道篇幅不一致造成的报道量

① B.I.Page, R.Y.Shapiro, *The Rational Public: Fifty Years of Trends in Americans' Policy Preferences*, University of Chicago Press, 1992.

失衡;“陈述偏向”则是“报道者在报道某一事件时嵌入自己的观点”。①这种偏向分类既界定了新闻报道偏向的具体形式,又揭示了不同偏向的判断测量方法,是本书重点参考的分类方法之一。此外,恩特曼也曾提出过类似报道偏向分类,认为“偏向”在新闻报道中存在三种主要类型,分别是“歪曲事实偏向”,意为“新闻歪曲或伪造现实”;“内容偏向”,指“新闻偏向于一方,而非对政治冲突双方给予同等待遇”;“决策偏向”,指“报道内容被记者动机和心态所影响”。②

对于上述关于新闻报道偏向类型的相似描述,布巴那和塞格夫认为,达莱西奥、艾伦与恩特曼的分类基本一致,只是在具体表述上略有不同。③霍夫施泰特也提出了一种分类方式,把新闻报道偏向分为两类,分别是“结构性偏向”,意为媒体“通过戏剧化的新闻报道来吸引受众”,以及“政治偏向”,意为“个别新闻记者或媒体高管持有的政治观点引起的偏向”。④

值得注意的是,惠特尼等还曾经提出过一种“地理偏向”,指由于新闻机构的人力、设备等资源过度集中在某些区域,导致报道中这些区域的报道量明显偏多,从而造成报道区域分配不均。⑤惠特尼还把新闻报道中信息来源过度依赖政府机构界定为“信源偏向”。⑥最后,麦奎尔在其研究中总结出了 13 种典型的报道偏向类型,涵盖新闻消息来源、报道主题、报道价值观等多方面。⑦

---

① D.D'Alessio,M.Allen,“Media Bias in Presidential Elections:a Meta-analysis”,*Journal of Communication*,Vol.50,No.4,2010,pp.133-156.

② R.M.Entman,“Framing Bias:Media in the Distribution of Power”,*Journal of Communication*,Vol.57,No.1,2010,pp.163-173.

③ S. Boudana, E. Segev,“The Bias of Provocation Narratives in International News”,*International Journal of Press/Politics*,Vol.22,No.4,2017,pp.314-332.

④ C.R.Hofstetter,*Bias in the News:Network Television Coverage of the* 1972 *Election Campaign*,Columbus,OH:Ohio State University Press,1976.

⑤ D.C.Whitney,M.Fritzler,S.Jones,et al,“Geographic and Source Biases in Network Television News 1982-1984”,*Journal of Broadcasting & Electronic Media*,Vol.33,No.2,1985,pp.159-174.

⑥ D.C.Whitney,M.Fritzler,S.Jones,et al,“Geographic and Source Biases in Network Television News 1982-1984”,Journal of Broadcasting & Electronic Media,Vol.33,No.2,1985,pp.159-174.

⑦ D.Mcquail,*Mass Communication Theory* (*6th Edition*),Sage Publications,2011.

表 3-2　国外研究有关新闻报道偏向的特定类型

出处	新闻报道偏向特定类型
卡恩,肯尼(K.F.Kahn & P.J.Kenney)	新闻报道偏向于报纸社论支持的候选人。
M.T.博伊科夫,J.M.博伊科夫(M.T.Boykoff & J.M.Boykoff)	媒体对报道平衡原则的坚持,实际上造成全球变暖议题报道产生矛盾偏向。
霍普曼,阿尔斯特和莱尼安特(Hopmann,Aelst & Legnante)	对更具新闻价值的政党报道偏好也可被视为一种结构性偏向。

如表 3-2,一些学者从具体议题入手,对不同议题报道时的特定偏向进行描述。霍普曼等在一项政治平衡报道的研究中提出,对更具有新闻价值的政党报道偏好也可以被视为一种结构性偏向。①卡恩和肯尼在对报纸社论与报社立场之间关系研究中指出,新闻报道偏向也反映在报纸"新闻版面上的信息偏向于该报社论版支持的候选人"。②博伊科夫等学者在美国媒体对气候问题报道的研究中指出,媒体对平衡报道的坚持,实际引起了人类行为是否导致全球变暖的争论和矛盾偏向,结果反而削弱了各国政府对气候变化问题的重视和解决力度。③

第三节　国际新闻的偏向及类型

国际新闻存在跨文化、跨语言、跨地域的特殊性,其偏向类型可在新闻报

① D.N. Hopmann, P. V. Aelst, G. Legnante, "Political Balance in the News: A Review of Concepts, Operationalizations and Key Findings", *Journalism*, Vol.13, No.2, 2012, pp.240-257.

② K.F.Kahn, P.J.Kenney, "The Slant of the News: How Editorial Endorsements Influence Campaign Coverage and Citizens' Views of Candidates", *American Political Science Review*, Vol.96, No.2, 2002, pp.381-394.

③ M.T.Boykoff, J.M.Boykoff, "Balance as Bias: Global Warming and the US Prestige Press", *Global Environmental Change*, Vol.14, No.2, 2004, pp.125-136.

道的偏向基础上进一步探讨细化。通过梳理分析新闻报道偏向研究和国际新闻的相关研究,本节提炼出6种国际新闻的偏向类型,研究来源与相关依据详见表3-3。

表3-3 国际新闻偏向类型及来源

国际新闻偏向类型	已有研究中的一般偏向类型	与此类偏向相关的国际新闻研究
地理偏向	报道地域不平衡。惠特尼等(D.C.Whitney,et al.)	国际新闻集中在更邻近、富裕及较强大的国家。麦奎尔(D.Mcquail) 美国新闻更加关注与美国利益相关的地区,缺乏对其他国家的关注。米勒(A.Miller)
报道量偏向	对争议各方报道篇幅不均衡。达莱西奥,艾伦(D'Alessio & Allen) 犯罪新闻过度呈现暴力与犯罪,忽略其他社会风险。麦奎尔(D.Mcquail) 健康新闻更加关注耸人听闻的医疗事件或新的治疗方法而非预防措施。麦奎尔(D.Mcquail) 新闻报道商业领袖和雇主比报道工会和工人更加积极正面。麦奎尔(D.Mcquail) 战争新闻通常避免出现死亡或人员伤害的画面——净化现实偏见。麦奎尔(D.Mcquail) 冲突报道没有同等对待冲突双方。恩特曼(R.M.Entman)	美国媒体报道国际新闻的问题包括报道量不足、本土中心主义、同质化等,但美国受众对国际新闻关注度随着全球化的深入呈增长趋势。米勒(A.Miller)
信息来源偏向	新闻来源偏向。塞里诺(R.Cirino) 采访方式偏向。塞里诺(R.Cirino) 新闻报道的信息来源过度依赖各级政府机构。惠特尼等(D.C.Whitney,et al.) 新闻消息来源过度呈现社会上层及官方声音。麦奎尔(D.Mcquail) 新闻报道主要关注政治人物或社会精英。麦奎尔(D.Mcquail)	国际新闻流动研究(international news flow)中的中心—边缘(core-peripheral)理论认为,国际新闻存在以少数国家为中心的新闻选择标准与选择偏向。盖尔顿(J.Galtung)
版面偏向	刊载位置偏向。塞里诺(R.Cirino) 报纸版面安排偏向报纸社论版支持的候选人。卡恩和肯尼(K.F.Kahn & P.J.Kenney)	一般偏向类型同样适用于国际新闻版面偏向。

续表

国际新闻偏向类型	已有研究中的一般偏向类型	与此类偏向相关的国际新闻研究
立场偏向	媒体记者或高管持有的政治观点引起的偏向。霍夫施泰特(C.R.Hofstetter) 报道中出现正面/负面、积极/消极等观点偏向。达莱西奥,艾伦(D'Alessio & Allen)	国际新闻旨在维护一国海外利益,比国内新闻报道更难做到独立、客观和公正。唐宁等(J.D.H.Downing,et al.) 国际新闻内化政府内政外交议程的偏向明显,比国内新闻的专业主义程度更弱。诺塞克(H.Nossek)
认知偏向	新闻在选题、观点和呈现方面存在民族主义或种族中心主义偏向。麦奎尔(D.Mc-quail)	国际新闻的国内化与本土化偏向明显。诺塞克(H.Nossek) 西方媒体对伊斯兰世界的新闻报道偏向丛生。萨义德(E.W.Said)

如表 3-3 所示,惠特尼和麦奎尔都提出新闻报道中存在某种与地理因素相关的偏向,麦奎尔更是直接点明这种偏向多出现在"国际新闻"中,表现为对国外的报道"集中在更邻近、富裕及较强大的国家"。①根据米勒的一项实证研究,在一个月内的美国新闻中,美国本国新闻中占比 79%,21%是有关伊拉克的新闻,其他国家的新闻很少。②这些研究表明国际新闻中存在对国家或地区关注度的不平衡。

在新闻报道偏向研究中,不少学者提到在争议性事件、犯罪新闻、健康新闻、战争报道中存在数量上过分突出某些元素而忽略其他事实的问题。国际新闻研究中也不乏类似观点,米勒发现美国媒体报道国际新闻的问题包括报道量不足、本土中心主义、同质化等,但美国受众对国际新闻关注度随着全球化程度的深入呈现增长趋势。③这种对比凸显了国际新闻的各类主题、视角和

① D.Mcquail, *Mass Communication Theory* (*6th Edition*), Sage Publications, 2011.

② A.Miller, "How the News Distorts Our Worldview", 2008-04-29, http://www.ted.com/talks/alisa_miller_shares_the_news_about_the_news? language=zh-tw.

③ A.Miller, "How the News Distorts Our Worldview", 2008-04-29, http://www.ted.com/talks/alisa_miller_shares_the_news_about_the_news? language=zh-tw.

报道量与受众需求增长的矛盾。

信息来源偏向在新闻报道中形式多样。有学者从新闻采访、编辑的角度解释新闻来源对报道的影响,也有学者指出新闻报道过度关注或依赖某类信息源会造成不良影响。在国际新闻研究中,中心—边缘理论同样指出部分国家垄断信息来源,进而主导热点事件的国际舆论。随着国际地位不断上升,我国媒体尝试在国际新闻的垄断和偏向中呈现自己的声音和视角,但是我国媒体对他国的报道是否也存在信息来源偏向,还有待更多实证研究进一步考察分析。

新闻报道因其刊载位置或所属版面的安排形成版面偏向,在一般报道的相关研究中得到证实,但在国际新闻中的研究还比较缺乏。还有较多学者提出了新闻报道容易受到媒体、政府、商业、公众情绪等因素影响,从而出现新闻报道的立场偏向。在国际新闻研究中,国际新闻通常维护本国的海外利益也成为产生立场偏向的原因之一。①国际新闻内化政府政治外交议程的偏向明显,比国内新闻的专业主义程度更弱。②这些研究说明立场偏向也在国际新闻中存在。

除了在一般报道偏向中存在的新闻偏向,国际新闻还存在一类较为特殊的偏向性问题,即因认知偏差、刻板印象或文化成见导致本国媒体对其他国家的报道对象存在再现和建构偏向。诺塞克认为国际新闻的国内化与本土化偏向明显,③萨义德指出西方媒体对中东世界的报道存在种种对伊斯兰文化的偏向。④国际报道中的社会文化认知因素是否造成报道偏向,亟待更多研究探讨。

对上述 6 种国际新闻报道的偏向类型的进一步解释说明,列表如下。

---

① J.D.H. Downing, A. Mohammadi, A. Sreberny. *Questioning the Media*: *A Critical Introduction*. Sage, 1995.

② H.Nossek, "Our News and Their News: The Role of National Identity in the Coverage of Foreign News", *Journalism*, Vol.5, No.3, 2004, pp.343-368.

③ H.Nossek, "Our News and Their News: The Role of National Identity in the Coverage of Foreign News", *Journalism*, Vol.5, No.3, 2004, pp.343-368.

④ E.W.Said, *Covering Islam*: *How the Media and the Experts Determine how We See the Rest of the World*, Random House, 1997.

表 3-4　国际新闻报道偏向的 6 种主要类型

类型	针对一般新闻	针对国际新闻
地理偏向	媒体资源在某些区域过分集中，导致新闻报道过度集中在这些区域。	因媒体境外报道的资源分布、媒体议程等原因导致国际新闻过度集中于某些国家或地区。
报道量偏向	一般出现于对政治选举报道的研究中，通过统计各政党候选人的报道篇幅，分析该媒体偏向某些政党或候选人。	国际新闻的报道篇幅集中反映特定议题、国家或地区，存在报道量偏向。
信息来源偏向	新闻信息来源过度集中于某类信源。	国际新闻报道过度关注或依赖某类信源，使这类声音被放大，其他来源被忽视。
版面偏向	报道刊载位置造成关注度差异而导致偏向。	国际新闻刊载位置造成的关注度差异而导致偏向。
立场偏向	新闻媒体的报道受到个人、组织或社会等因素影响而产生特定立场偏向。	对他国的报道偏向受到海外利益、国际关系等因素影响。
认知偏向	因认知偏差、文化成见或刻板印象而形成再现和建构偏向。	因认知偏差、文化成见或刻板印象而对他国报道对象形成再现和建构偏向。

第四节　新闻偏向的分析测量

辨识新闻报道中存在的各类偏向，需要用相对客观、规范的方法进行分析，以尽量规避主观判断。国内外相关研究主要通过量化、质化及二者结合的内容分析方法进行测量。卡恩和肯尼研究了美国报纸社论的政治支持倾向与版面报道倾向之间的关系，使用最小二乘法回归分析的方法，分析社论对于各候选人的支持倾向与新闻报道的语调倾向，得出美国报纸版面上的新闻报道偏向于该报社论支持的候选人。①勃兰登堡在一篇对爱尔兰媒体大选报道的

① K.F.Kahn，P.J.Kenney，"The Slant of the News：How Editorial Endorsements Influence Campaign Coverage and Citizens' Views of Candidates"，*American Political Science Review*，Vol.96，No.2，2002，pp.381-394.

内容分析中统计了4家报纸、2家电视媒体对爱尔兰各政党的报道量、候选人议程与报道议程,以及二者的相关性,各媒体对各政党、政党候选人的倾向,以测量爱尔兰媒体的"报道量倾向""议程倾向"和"陈述倾向"。其中,对"报道量倾向"的测量统计了选举期间各参选政党被媒体报道的比例,与各政党的支持度进行对比,利用"差异指数"进行计算得出报道比例与支持比例之间的差异性;对"议程倾向"的测量则计算各政党提出的政策议程和媒体议程之间的相关性;对于"陈述倾向"则测量各媒体在报道不同政党时的语气倾向数值。①达莱西奥和艾伦对1948—1996年间的59项与美国大选有关的定量研究数据进行了"元分析"(Meta-analysis),对其中的"把关倾向""报道倾向"和"陈述倾向"进行测量,建立可统筹59篇研究数据的数学模型和回归分析,最终根据统计值的显著程度判断上述倾向类型在媒体对历次大选的报道中是否存在。②琼斯在对美国电视新闻网新闻进行的历时性分析研究中,对报道中的"地理倾向"和"来源倾向"作了测量。其中,"地理倾向"程度通过计算关注比率得出,以某地的新闻时间百分比除以该地的人口百分比,大于1表示关注过多,小于1表示关注过少;"来源倾向"则统计新闻来源的身份与性别情况等。整项研究结果还与以往两份采取相同方法的研究样本统计情况进行纵向比较,进一步反映美国媒体新闻倾向的历时性变化。③

量化和质化相结合的内容分析方法也被用以测量分析报道偏向。在对西方媒体报道拉萨"3·14"事件的研究中,张成良对报道中的"词汇选择倾向性""信源选择"和"主客观失实动机"等三方面进行量化和质化相结合的分析测量,其中,"词汇选择倾向性"分析运用了美国学者梅里尔提出的"词汇倾向

① H.Brandenburg, "Political Bias in the Irish Media: A Quantitative Study of Campaign Coverage during the 2002 General Election", *Irish Political Studies*, Vol.20, No.3, 2005, pp.297-322.

② R.M.Entman, "Framing Bias: Media in the Distribution of Power", *Journal of Communication*, Vol.57, No.1, 2010, pp.163-173.

③ S.Jones, "Television News: Geographic and Source Biases, 1982-2004", *International Journal of Communication*, Vol.2, 2008, p.30.

类型”分析方法，从质化路径探究新闻记者对报道对象使用了哪些带有倾向的正面或负面词汇；对“信源选择”的分析则借鉴麦库姆斯提出的“信源选择论”，通过对新闻报道的信源进行量化统计，考察报道是否对不具有代表性的新闻信息有特定偏好；对“主客观失实动机”的分析则同样采用质化分析的方法，将失实的类型分为“蓄意失实”和“技术性失实”，重点考察报道失实是否由主观故意造成。[①]布达纳和塞格夫研究了美朝矛盾相关报道，通过对美、英、德、法4国的几家知名媒体国际新闻进行分析，统计报道中出现的全部国家名称等，通过对图表中的数据进行分析，得出倾向情况。[②]赵亚男在对西方媒体报道埃博拉疫情的研究中统计了《卫报》《独立报》《泰晤士报》《每日电讯报》和《金融时报》在新闻报道中的倾向情况，并运用框架分析对五大报的各种社会问题报道量进行量化统计，还统计了各种新闻来源的使用情况。[③]在对《纽约时报》有关新疆报道的研究中，石锋进行了报道题材、信源选择、用词、报道量走势等4方面分析。其中，报道题材的分析列举了各类型题材的占比情况，并举出了相关报道的题材选用方式作为案例进行解读说明；信源选择上通过分析举例，说明了西方媒体的新疆相关报道在信源的处理方式上存在倾向；用词分析分为外媒的惯用词汇翻译错误以及高频词分析两部分，同样使用举例说明的方法；报道量走势分析则利用Lexis Nexis新闻数据库的相关数据，以量化形式呈现2002年到2011年十年间《纽约时报》有关新疆报道数量的变化情况，并说明报道量变化背后所隐含的美国媒体对华倾向。[④]

本章主要通过对新闻报道偏向研究、国际新闻研究的相关文献进行梳理，

---

① 张成良：《倾向比无知距离真相更远——西方媒体对拉萨“3·14”事件报道解析》，《新闻记者》2008年第5期。

② S. Boudana, E. Segev, “The Bias of Provocation Narratives in International News”, *International Journal of Press/Politics*, Vol.22, No.4, 2017, pp.314-332.

③ 赵亚男：《中立与偏见——析西方媒体对埃博拉疫情的报道》，《青年记者》2015年第32期。

④ 石锋：《被价值倾向扭曲的“新疆印象”——对〈纽约时报〉新疆报道的实证研究》，《当代传播（汉文版）》2012年第4期。

提炼国际新闻报道的偏向类型,分别为地理偏向、报道量偏向、信息来源偏向、版面偏向和立场偏向。国际新闻中也可能存在对他国或其他文化报道的认知偏向。无论导致出现内容偏向的原因是报道者对报道对象国的认知偏差,还是本土媒体报道国际新闻内化本国政府外交政策,都可能导致客观报道与建构他者之间程度不一的伦理问题,报道中内容偏向的存在是国际新闻在内容维度存在跨文化伦理问题的重要影响因素。梳理探讨国际新闻的内容偏向及其类型,才能发现和规避内容偏向,从而减少客观报道和建构他者的冲突,推动国际新闻报道更加客观全面。

第四章　国际新闻的生产问题

外派记者的跨文化能力问题主要影响报道者维度出现的伦理问题，新闻报道内容偏向则主要解释内容维度建构他者的伦理问题，而新闻生产过程对报道者、报道对象、报道内容、报道后果等不同维度存在的伦理问题都有影响。本章聚焦本土媒体报道国际新闻的生产过程，从新闻生产路径探讨被外派到海外现场报道国际新闻的本土记者们面临的实际挑战与困境，跨国报道的经历和问题。从新闻生产路径讨论跨文化伦理问题，与针对报道者和报道内容的研究互为补充，从不同维度探讨本土媒体报道国际新闻可能存在的问题，从而为进一步探索问题的解决路径提供依据。

目前国内报道国际新闻的媒体，除了新华社、中央广播电视总台、人民日报等常设驻外记者的国家级媒体外，大部分媒体并无常驻海外的记者，派出报道国际新闻的记者，一般都来自国内新闻各部门。2014 年马来西亚 MH370 航班失联成为全球媒体的关注焦点，媒体记者纷纷赶赴事件所涉的越南、马来西亚、澳大利亚等国进行报道。参与报道的不仅包括派有常驻记者的国家级媒体，还有来自全国多地的地方性媒体、行业媒体和网络媒体。这些媒体多无常设驻外记者，而是临时抽调国内新闻记者外派事发地，这类外派记者平时在国内报道新闻，临时赶赴国外现场进行报道。马航事件报道中，外派记者人数甚至超过了媒体“国家队”的驻外记者。在异国他乡的新闻现场，临时外派的记者们遭遇到哪些困境？这种报道模式和新闻生产过程存在何种跨文化的问题？本章考察外派记者海外报道的困境与问题，探寻本土媒体报道国际新闻出现跨文化伦理问题在新闻生产维度的根源和影响因素。

第一节　外派记者的新闻生产调查

虽然外派记者参与跨国报道有其必然与必要性，但这种新实践亦遭遇了各种困境。外派记者报道国际新闻的问题，既有国际新闻记者面临的普遍性问题，例如语言文化的挑战、现场语境的迷失与报道他者的伦理问题，也有本国社会与媒体建制及语境带来的特定问题，例如相关政策规范对生产各阶段的影响、国内国外报道的职业意识差异等。国际新闻的新闻生产调查尝试从中观和微观维度，考察媒体外派记者报道国际新闻的生产过程及影响因素，探讨报道过程的困境及报道模式的问题。调查主要采用文本分析、问卷调查及深度访谈的方法，文本分析通过慧科新闻搜索数据库对受访记者的报道文本进行检索，搜索时间范围主要依据受访者自述的跨国采访时间，为避免遗漏专题或深度报道，时间跨度限定为记者外派采访的前后半年。通过对报道署名、地点和内容的筛查甄别，共获得 280 篇有效报道样本。

调查对象抽样难以通过概率抽样或随机抽样的方式进行，因为外派报道国际新闻的记者并非岗位固定的群体，而是平时负责特定版块和条线的国内新闻报道记者或国际新闻编辑，临时抽调出国采访报道。调查对象的联系渠道主要通过媒体社交网络（QQ 群、微博职业圈、微信群及各媒体内部交流群等）、相关人士介绍推荐等滚雪球抽样的方式，在重点地区、重点媒体范围内扩展调查群体。深度访谈在北京、上海和广州三地陆续完成，全部访谈均为面谈，每次历时一小时至三小时不等，共 37 位记者接受访谈。

接受问卷调查的 74 位内地记者来自北京、上海、广东、西安等地的主要媒体，其中 14 位驻外记者（6 位供职于国家级中文媒体，5 位来自地方性中文媒体,3 位来自国家级外文媒体),60 位参与跨国报道的外派记者(9 位就职于国家级中文媒体,50 位来自各地方性中文媒体,1 位来自国家级外文媒体)。问卷对象还包括 3 位美国驻外记者(1 位美联社驻外记者,1 位曾为路透社、法新社等多家国际通讯社全职工作,1 位作为自由撰稿人为多家美国媒体工作)与 2 位香港媒体记者(凤凰卫视与香港电台 RTHK 记者)。

本次调查对象供职的媒体涵盖国家级媒体与地方性媒体,媒体特征包括机关媒体和市场化媒体、综合媒体与行业媒体,媒介类型涵盖纸媒、广电媒体和网络媒体,记者背景包含媒体管理层、部门负责人、编辑与一线记者。研究对象背景及所属媒体的多样性体现了外派记者这个群体构成的复杂性。根据研究伦理与事先约定,调查对象以受访先后为序编号。

第二节　外派报道国际新闻的困境与问题

根据调查结果,本节归纳分析外派记者们在海外现场报道国际新闻的过程中遭遇的挑战与问题。

一、临时外派记者的典型问题

(一) 语言与沟通障碍

跨国采访对外语水平要求很高,问卷调查的分析表明,与临时外派记者相比,媒体驻外记者的外语沟通能力较强,而超过 4 成外派记者需通过翻译完成采访。通过翻译完成采访可能产生如下问题:语言转换的过程耗费时间、翻译参与的环节影响采访效果、翻译产生的误差影响报道质量。受访记者 CPJ003 就此谈道:“翻译不给力,不仅是行业术语不熟悉,采访时要和采访对象实时交流才最有效,对方说话,我一边听一边思考,很可能进一步提问的地方就是很小的细节。但如果经过翻译,这个实时沟通环节就断裂了,翻译可能是把对方意思归纳一下来讲，他省掉的细节，很可能就是记者觉得有价值的问题。另外我们好不容易才争取到的采访时间本就很有限，翻译一来一去就耽误了一半，采访往往不能尽兴。”

（二）经验和资源匮乏

临时外派记者突然被“空降”到一个陌生的国家和文化场景，工作路径不熟，经验和资源都成为顺利完成采访的挑战和考验。CPJ030 记者对第一次跨国采访的经历记忆犹新：“我和一名摄影记者到尼泊尔，当时第一次出国采访，没请翻译，语言也有些问题，感觉很茫然，原来计划找的人找不到，最后是当地的中国大使馆帮了不少忙才联系到一些人。”

CPJ020 记者则曾经因为第一次跨国采访的挫败而怀疑自己的业务能力：“第一次是去乌克兰和波兰报道欧洲杯足球赛，去之前找资料发现关于这两国的很少，就这么硬着头皮去了，我们是没有注册持证的记者，官方采访很难联系，也采访不到真正核心的人，不知道该怎么去突破，只能随机街头采访，交流都很肤浅，发稿跟体育关系也不大，回来觉得特别挫败。”外派记者的经历表明，国际报道的经验与资源都需要长期积累，与驻外记者相比，这两种因素均成为临时外派记者的“硬伤”。

（三）专业技能存在差距

突破能力对跨国报道尤为重要，马航事件报道中部分中国媒体记者难以突破困境，找不到核心信息，屡被质疑。记者专业能力差异通过对比更加清晰，在问卷和访谈中，许多记者承认在国际报道的专业性方面与部分国际媒体记者还有差距。一位国家级通讯社记者在其问卷中认为，在跨国报道的经验中，国内真正专业的媒体屈指可数。

（四）敬业程度参差不齐

临时外派的记者敬业程度参差不齐，CPJ018 记者指出一些记者将当地华人华侨作为主要信源:“我们很多记者语言不行,去了主要就在华人圈子里采访,或者翻译下外电,回来就成了一篇稿子。”碰到困难便编译整合二手资料,写出一篇在国内编辑室就可以完成的报道,这类外派记者被同行们称为“宾馆编辑”,形象地刻画了部分记者不去现场,就在酒店里编辑二手资料完成任务。随着新闻全球化和媒介技术的发展,驻外记者重要性减弱,新型“观光客记者”飞抵现场,大部分时间住在干净舒适的酒店里,通过卫星和无线通信技术发回报道后再去另外的现场。①

从现实情况来看,一些临时外派去国外报道国际新闻的记者就是这种“观光客记者”,外语水平、经验资源、专业能力与敬业程度成为临时外派记者面临的典型问题。

二、不易到达的海外新闻现场

外派记者到海外报道国际新闻可能遭遇种种障碍:现实阻隔、人为障碍,以及到达后的路径迷失。海外报道的新闻现场不易抵达,常常只能抵达地理意义上的国际新闻“现场”。

(一) 到达地理现场的困难

地理意义上的海外新闻现场也常遭遇现实与人为的双重阻隔,由于距离遥远、交通艰辛、局势混乱、制度限制以及各种人为阻碍,外派记者们常需耗费巨大精力才能抵达新闻现场。CPJ017 记者的经历对此做出了注解:“2011 年去中老边境金三角地区报道中国船员遇害事件,决定走水路去一趟现场。通过中介雇了去老挝的快船,谁知就是一艘最简单的独木舟,发动只靠个煤气罐,船夫还不会英文,又没有救生衣,水流湍急,非常危险。中间还被船主卖了猪仔(转给其他船),最终经过 8 个多小时,中间也没吃饭,筋疲力尽到达老

① ［美］P·埃里克·劳:《海外报道》,见［美］阿诺德·S.戴比尔、约翰·梅里尔编:《全球新闻事业:重大议题与传媒体制》,郭之恩译,华夏出版社 2010 年版,第 143—163 页。

挝。”CPJ033记者到冲突地区采访的艰难，说明了现实与人为障碍常相伴而行：“当时中部地区的冲突已非常厉害，我们采用的是公共交通，在进入边检站时被从车上扔了下来待了4—5个小时。考虑到以记者的身份进不去叙利亚，我们以游客的身份去，被盘查了几个小时才放行。进入了霍姆斯，政府与反对派的枪林弹雨都是擦着宾馆的窗户过去的，曾一度以为自己会不会就死在那里。”

对比许多外国记者，中国记者还常常多了一些额外的工作障碍，例如签证问题，目前中国记者前往全球许多地区都需要提前申请和获取签证。驻外记者和国家级媒体记者一般持公务护照申请采访签证，其他记者持因私护照，申请签证多为旅行或商务签证。申请签证不仅拖延了采访突发事件的宝贵时间，还常因一些国家申请程序复杂或费用过高而导致采访计划不得不临时改变。CPJ016记者对此深感无奈：“2011年去采访缅甸、泰国地震，当时缅甸军政府已经封锁震区，签证很麻烦，旅行社的人建议从泰国跟团旅游办落地签证最快。到了泰国又奔赴泰缅边境一个特区，在那里遇到新华社的记者也因同样原因进不了震区，最后大家都只能在边境转了转，没能进入震区。”

（二）去语境化现场的迷失

CPJ007记者在反思马航事件报道时指出，国际报道最困难之处是“没有头绪，不知道从何入手。国内报道就算不认识人，也知道怎么去找人，国外就算语言没问题，路径还是非常困惑”。与驻外记者不同，外派记者被“空投”到陌生国家，需在截稿期内完成任务，缺乏所在国生活经验与关系资源，到达的是“去语境化”的现场。一旦通过常规采访难以推进，信息突破困难，就面临在陌生语境下的方法困境。经验、资源、关系缺乏，沟通能力不足，截稿日期压力，共同加剧了这种“迷失”，部分记者只能算是到达了地理意义上的现场，没能在“去语境化”的现场找到突破的有效路径，最终让批评者感叹：“仅仅‘到达’，仍然不是‘媒体的力量’本身。”[①]在信息制度相对规范的情境下，语境迷失影响也较小。反之，当报道难以推进，语境迷失就会成为外派记者的一大问题。因此，国际报道的现场，无论是地理意义上现实到达的难度，还是“去语境化”形成的突破困境，都构成了外派记者与新闻现场的距离，导致跨国采访的种种困难。

三、国际新闻的“国内化”偏向

（一）报道选题的国内化

我国媒体外派记者报道国际新闻的类型主要包括：重大突发国际新闻、常规重要国际新闻、策划的选题、受邀的采访或合作报道。根据问卷统计，对于重大突发国际新闻，约4成媒体只在新闻事件具有涉华元素的前提下才会派出记者。常规重要国际新闻是否具有本土相关性，也是媒体的重要考量因素。策划类的选题一般都是国内新闻议题的国际视角延伸。受邀或合作型跨国报道的涉华诉求更是重要特征。四大类别的国际报道选题，都具有不同程度的国内化视角与本土相关性。

（二）报道角度的国内化

涉华的新闻事件或策划选题的涉华因素均为国际采访报道的重要角度。对于非涉华事件，寻找和建构与本土受众的相关性常常贯穿于外派记者采访策划、编辑思路与写稿的过程中。例如，CPJ016记者报道缅甸地震时，在泰缅边境金三角地区特意聚焦报道战后留在金三角地区的华人现状：“美斯乐，位于泰国和缅甸交界的莽莽大山中的一个小镇，在这里生活的人会讲普通话和云南话，这个有1万多人的村子，大部分是当年国民党93师残部的后裔。1949

---

① 马少华：《无法到达的新闻现场》，2014年3月18日，见https://www.yangfenzi.com/shehui/35512.html。

年后逃入缅甸深山，最后来到泰北清莱的北部山区中生活。这里40多年前也曾和其他‘金三角’村落一样，种植过罂粟。据一位从美斯乐村出来的泰国侨民说，为了生活和军费开支，他的父辈们就曾种植过罂粟。40年前，这支武装力量解除武装，成为泰国公民。罂粟也被茶叶和咖啡所取代。”①

又如，2014年巴西足球世界杯赛，中国队没能进入决赛，但中国媒体组成了100多人的采访团前往巴西报道。这些记者中能进入赛场的持证记者不多，某省级党报派出CPJ025记者与同事前往，行前的策划方案是持证记者报道赛事，无证记者采访风土人情。两名记者除了关注巴西本地人文风土，还尝试寻找与中国相关的角度，采访报道了在巴西国家乒乓球队的广西姑娘、开武馆的传奇华裔，以及一系列当地华人和商会组织。

（三）新闻采集的国内化

国际报道的信源渠道包括新闻涉事各方、第三方信源（政府、专家学者、普通公众等）、涉华信源（中国使领馆、中资企业、华人华侨团体等）、当地媒体报道、其他国际媒体信息、国内同行信息等多种渠道，其中前三种渠道为一手信源，后三种为二手信源。大部分受访记者表示，在国际报道的一手信源中，当核心当事人和第三方信源不易接触时，涉华信源成为相对稳定的信息渠道。事实上，部分外派记者常把涉华信源作为最主要来源，到达现场后按照惯例寻求华人社区帮助，通过中国使领馆、华文媒体、华商团体和留学人员等，寻求生活和语言方面的帮助，也通过这个圈子联系采访对象，或者把华人群体直接作为采访对象。

信源的国内化特征也通过对受访记者的报道文本分析结果得以佐证，文本信源统计发现如下特征：第一，大部分报道都使用涉华信源，包括中国使领馆、中资公司、当地华人、华商和华人社团、华裔学者、中国留学生、孔子学院

① 《本报记者探秘缅甸地震下的神秘“金三角” 罂粟种植区受灾可能性大》，《广州日报》2011年3月29日。

等，相对较少涉华信源的是两位长期负责外派报道的记者，在报道他国冲突、战事、灾难等突发事件时信源构成更加多样化。第二，当地媒体报道、国际媒体报道等二手信源是外派记者报道中的主要信源之一。引用的当地媒体一般包括当地华文和英文媒体，例如在马航事件报道中，《马来西亚星报》、《海峡时报》、马来西亚当地电视台等成为中国记者的重要信息来源。在报道菲律宾人质案时，《菲律宾星报》、华文《商报》以及当地电视台报道也是主要信源。常被引用的国际媒体包括《纽约时报》、《华盛顿邮报》、CNN、路透社、法新社、美联社等。第三，与偶尔外派出去报道的记者相比，两位经常接到外派任务的记者在报道信息来源方面更加多样、多元化，更多信息采集来自核心当事人。例如，在对叙利亚冲突的报道中，CPJ033 记者的信息来源包括以色列媒体、叙利亚官方、俄新社、约旦军方、国际智囊、英国媒体、中央党校教授、当地居民、约旦边防军、当地媒体、银行家、通关司机、国内商人、黎巴嫩教授、叙利亚新闻部官员、公民记者、独立媒体人、分析人士、难民、军火商、当地媒体人士、西方各媒体、中东地区媒体等各方信源。在对泰国示威事件的报道中，CPJ030 记者的采集信源包括时任泰国总理阿披实、泰国政治学泰斗、红衫军领导人、在报道中受伤的法国记者、泰国大学教授、非政府组织、泰国华人老报人、曼谷电视台、法新社、外国记者、红衫军队员等。对外派记者报道信源的统计分析说明，经常外派的记者在新闻采集环节更有机会采访到核心当事人，但大部分外派记者更加依赖涉华信源与二手信源，新闻采集环节同样具有国内化特征。

（四）报道内容呈现的国内化

写稿阶段，外派记者常以“本土编辑思维”来呈现报道内容，明确所在媒体的定位与功能，对报道任务有清晰的规划与认识，按照与编辑商定好的报道角度与框架进行内容取舍与整合。这种“本土编辑思维”与国际新闻“国内化”研究中编辑、记者的“本土眼镜”类似，用国内化的滤镜过滤报道内容，使之带有“国内化”和“本土化”的印记。

本土化框架首先表现在报道内容的中国视角与关联。在报道 2012 年诺贝尔奖颁奖典礼时,CPJ017 记者采访了多位诺奖得主,最终报道都具有一定的中国相关性。例如“化学奖得主与中国颇有渊源。据他的太太、医学博士、出生在马来西亚的广东客家人田东山介绍,布莱恩·卡比尔卡曾经到过上海的同济大学访问。在下一个月 14 日,他们将到访清华大学和中国学者施一公等访谈。对于即将到来的中国行程,布莱恩·卡比尔卡表示非常期待”①。

报道呈现的本土化还表现在外派记者的叙事风格、修辞用语、立场框架均需与供职媒体风格一致。CPJ033 记者谈道:“我们毕竟是社长负责制,所以报纸的格调、呈现的面貌就被定位在那里。当你在这个氛围里,大部分人会受到影响。”该记者对菲律宾台风的报道,除了报道灾难,还从中、美、菲三国关系角度切入,报道美国对中国救援的批判以及中方和菲方的应对,例如:“自相矛盾的是,西方媒体一边说着中国国际救灾能力不足,一边用‘美国标准’指责中国表现不够,甚至批评‘在国内救灾中表现优异的中国军队不去菲律宾救灾’。菲律宾无论官员和媒体看上去都不想在国家如此痛苦的时刻被西方媒体‘劫持’,连日来,几乎没有人拿援助的事情非议中国。”②

对记者的深度访谈与报道内容分析均表明,在本土编辑思维和本土相关性指引下,国际报道的内容呈现环节同样表现出国内化、本土化的偏向性。报道呈现的偏向性在重要国际新闻和策划类选题报道中比突发新闻更加显著。对国际新闻“国内化”的研究指出,国内化偏向导致报道内容同质化、碎片化,存在内化政府外交议程的偏向,降低了国际新闻的客观性和专业性。③ 外派记者报道选题、报道角度、报道信源以及报道呈现的“国内化”也是导致国际新闻本土中心主义、同质化、缺乏多元多样性的原因,如何改善这一问题,成为

---

① 《一起来享受有趣的一晚》,《广州日报》2012 年 12 月 10 日。

② 《中国再提派遣医疗队 菲律宾感谢中国灾后捐助》,《环球时报》2013 年 11 月 19 日。

③ M.A.Sreberny,“How US Media Covers the World”, in J. Downing, A. Mohammadi, M. A. Sreberny (eds.), *Questioning the Media:A Critical Introduction*, London:Sage, 1995, pp.296–307.

中国媒体的记者面对的挑战之一。

四、海外报道的伦理争议

外派记者在海外报道国际新闻过程中遭遇的伦理问题主要包括采访中使用争议性手段和受邀采访的伦理争议问题。深度访谈表明，在跨国采访中，外派记者们采用的争议性报道手法包括隐瞒身份、隐蔽采访、付费采访、报道给采访对象带来风险、报道不实内容等，使用目的较少涉及公众利益，更多是为完成采访任务。CPJ027 记者谈到隐瞒身份和隐蔽采访问题："我在马航家属那边泡着，开始他们很反感记者，好几个都被打出去了，我就没说自己是记者，也没乱拍照，没冒犯他们，但有录音，用手机发报道。"CPJ033 记者则是出于安全考虑隐匿记者身份："采访约旦北部最大的难民营，那时中国没有非政府组织在那，也没有提供援助，所以他们对中国有些敌意，我们编造了很多身份，最后以中国民间组织愿意提供一些帮助的名义去采访。另外在乌克兰也偷拍过边界的装甲车。隐匿身份和隐蔽拍摄主要都是因为安全原因。"

第二类伦理问题是受邀采访的争议性。访谈结果表明这种报道较为常见，记者们的态度分为如下几种。第一种认为此类报道存在争议，但只要邀请方不干涉报道就无伤大雅，这在跨国报道预算紧张的情况下是一种双赢的办法。第二种认为，邀请方如果是政府或企业就存在伦理争议，但非营利组织为记者提供奖金或资助的情况应当区别对待，CPJ018 记者就持这种观点："我觉得非营利性组织的资助是可以的，尤其是针对媒介的奖金，因为这种资助主要是为了提高报道质量，没有别的诉求。"第三种看法出自美联社记者问卷、路透社记者问卷及访谈，几位外国记者认为只要接受资助就有问题，但实际操作中要视具体情况，满足一定条件就能够合理化。必须满足的前提包括：绝不干涉报道内容、报道须标明赞助方、报道是为公众利益而非满足邀请方诉求。CPJ008 记者代表的第四种看法认为这种报道绝对存在伦理问题，不论怎样操作都是对媒体独立性和可信度的一种损害。

五、多重因素影响的风险

影响国际报道存在及发展的风险因素包括经营压力和预算限制、制度或政策制约、媒体或负责人导向等。经营压力和预算限制风险分别渗透到海外报道的选题、生产和呈现各阶段,预算额度决定了海外报道的产生与选题;报销制度影响报道的规模与方式;经济因素影响报道内容的偏向。

CPJ024 记者提到“台里没有出国采访的预算规划,马航这次我们没去,原来打算去,后来就是因为经费问题没去成”,仍觉得遗憾。受邀进行的海外报道则完全取决于是否获得资助。策划的选题中重大选题一般由媒体出资,一些选题则需先用策划方案去找赞助。目前外派报道国际新闻的报销制度较常见的是实报实销和预算打包制度。实报实销对记者每日经费用度的种类与额度均有系统规定,预算打包则在策划选题时一并估算所有经费额度,投入不同导致报道方式、种类和质量的差别。经济因素也会导致报道内容的偏向。CPJ024 记者对此深表忧虑:“我个人更担心的反而是经济力量,商业利益对新闻的绑架,权力寻租的现象,经济力量的控制。”CPJ026 记者谈到其所在节目被收视率绑架的无奈:“我们这个节目的定位一直在调整,开始想做客观深度的国际报道,后来发现那些东西没人爱看,一旦事关中日关系、中美关系,军事类内容收视率就升高。只好调整节目定位和内容,没办法,我们节目花钱多,收视率如果不行,压力太大,所以只能搞这样的风格,因为这种偏向的风格很多人爱看。”

制度和政策影响也体现在新闻生产各阶段。前期阶段相关政策影响海外报道的存在与议程,中期阶段管控措施影响采访和报道角度,后期阶段编辑审核影响报道框架和取舍。媒体机构负责人是否重视国际报道同样影响显著,CPJ001 记者提到:“我第一次出国采访是在 2000 年,当时的老总特别重视外语和国际报道,在他的推动下策划了很多国际报道选题。”媒体对于国际报道的导向变化,引发该媒体国际报道情况的发展变化。当经营状况、政策调整或负责人变化以后，国内报道照常运转，驻外记者继续海外报道，临时外派报道国际新闻的记者却可能受到较大冲击，报道计划有可能被缩减甚至停止。在外派记者国际报道的生存风险问题上，值得思考的问题是：如何才能让这类报道跟通讯社的供稿真正体现差异？如何才能在风险变量发生变化时，仍然有其存在价值？媒体通过自主生产国际新闻来打造品牌和提高竞争力，并不是仅仅派出记者到达国外现场就能实现。

六、多样多变的职业角色认知

不少学者试图为中国新闻从业者的职业角色分类。例如，陈阳将记者的职业角色分为宣传者、参与者、营利者和观察者四大类别；[①]赵云泽等人对中国记者职业角色认同的复杂性作了研究，认为记者的"自我认同"从"无冕之王"滑向了"新闻民工"，记者的"社会认同"总在"舆论监督者""客观记录者""宣传者""社会建设参与者"等角色中纠结与调和。记者们趋向于将自身定位为"舆论监督者""客观记录者"，而官方趋向于将记者定位为"宣传者"，部分企业家和民众又趋向于将记者定位为"社会建设的参与者"，后两者的定位都与其"自我认同"发生错位。[②]本书所涉及的问卷与访谈结果也表明：外派记者的职业角色认知具有多样且多变的特点，难以简单划分类型。

60 名外派记者中有 54 名认为自己在国际报道时更加偏向于"认同专业主义，尽量做到客观、中立和平衡报道"的"观察者"职业角色。在访谈中许多记者认为国际报道不太可能干预其他国家的社会进程，所以作为外国记者的主要功能就是记录和观察。那么，原本职业定位类型不同的国内记者，能否在海外现场的国际报道期间形成暂时的外派记者共同体，秉持相对一致的职业

① 陈阳：《当下中国记者职业角色的变迁轨迹——宣传者、参与者、营利者和观察者》，《国际新闻界》2006 年第 12 期。

② 赵云泽、滕沐颖、杨启鹏、解雯逝：《记者职业地位的殒落："自我认同"的贬斥与"社会认同"的错位》，《国际新闻界》2014 年第 12 期。

角色认知和职业文化,并贯穿于国际报道生产过程中呢?

外派记者的特殊性在于其来源与构成的复杂性,供职媒体单位属性的复杂性,以及在国内报道时职业角色分类的复杂性。国内记者成为外派记者后,问卷结果所体现出来的关于职业角色认知的一致性和可能的共同体,在深度访谈时出现了矛盾与背离。这种矛盾体现在实际跨国采访过程中,记者们对职业角色认知表现出不同类别的差异,既有旁观者定位,也有干预者角色,亦不乏商业主义偏向和“新闻民工”心态。CPJ011 记者的看法也许能对这种不一致提供一种解释。该记者认为很多人,包括他自己,在职业功能与角色这个问题上存在一种内心冲突,内心或许更认同观察者角色,但现实操作则是在自己所处的具体语境下调整和变动,依据不同情境和影响因素而转变为观察者、监督者、参与者、营利者或“新闻民工”。这种个体认知与实际操作的矛盾表明,外派记者们在国际报道时与国内报道时没有根本区别,虽然在问卷选择时偏向于观察者,但在实践中则沿袭了国内记者职业认同的复杂性和不稳定性。

在当前的新闻生态和媒介环境下,从业者的职业意识呈现出多样化,个体职业定位灵活多变,依据媒体属性、职位差异、报道类型、媒介形态等因素的变化而发生转变。记者们在观察者、参与者、营利者和“新闻民工”定位之间转变,在内心认同与实践操作的冲突中调适,最终形成一种复杂多变、缺乏稳定性的职业角色认知模式。国内报道时如此,跨国采访时并无根本改变。因此,在问卷选择中出现对“观察者”职业角色的一致性认同与暂时共同体,只是一种表象。国内化的国际新闻生产模式决定了这种共同体难以形成,外派出去的记者并没有形成一致的职业认知与文化,这种不一致继而影响本土媒体报道国际新闻的生产与内容。

分析可知,本土媒体外派记者“走出去”报道国际新闻的生产过程中面临的主要困境与问题分为六种类型:记者外语水平、经验资源、专业能力与敬业程度的不足与欠缺;到达报道现场的障碍与到达后的工作路径困惑;报道选题、报道角度、新闻采集与内容呈现的国内化偏向;报道中使用争议性手段与接受邀请方资助报道的伦理问题；经营压力与预算限制，以及制度和政策变化带来的一定风险；外派记者职业角色认知的多样性和不确定性难以形成职业认同的困境。这些问题表明外派记者报道国际新闻是本土新闻生态与新闻全球化生产互动、碰撞的实践模式，其面临的困境既有这种生产模式面临的一般性问题，也有不同本土语境的特定问题。深入考察媒体外派记者的跨国报道经历，厘清国际新闻生产过程中出现的问题与困境类型，才能进一步探知本土媒体在报道国际新闻时出现跨文化伦理问题的生产根源与影响因素。例如，新闻生产的国内化偏向在一定程度上形成了客观报道和建构他者之间的差距和矛盾，报道过程中的争议性手段也体现了报道者因为伦理原则规范的跨文化差异而可能产生的跨国报道伦理困惑。外派记者的职业认同与理解在某种程度上影响了记者们对国际报道后果的考量与抉择标准，从而可能导致给报道对象带来风险，缺乏对报道后果进行伦理考量的意识，最终可能引发报道后果方面的跨文化伦理问题。总之，对国际新闻生产过程的考察，能为解决本土记者报道国际新闻的问题提供第一手的经验材料。中国新闻媒体"走出去"的步伐在加快，系统考察中国新闻媒体的海外报道实践及其问题，是提升记者的国际报道能力，提升新闻媒体国际传播能力的必要前提，也是亟待学界进行更系统研究的现实课题。

第五章　新闻伦理规范的跨文化重构

前文通过对外派记者的跨文化能力问题、国际报道内容的偏向问题，以及跨国报道的生产问题的研究，从实践维度探讨了本土媒体报道国际新闻出现跨文化伦理问题的生产根源与影响因素，但是跨文化报道实践中产生的伦理问题，也意味着指导和规范媒体实践的新闻伦理规范同样可能存在跨文化适应性的理论问题。本章探讨现有新闻伦理规范体系的发展与跨文化转向，从新闻伦理规范维度探寻国际新闻跨文化伦理问题的理论规范根源与影响因素，为解决问题提供伦理规范路径的分析与参考。

媒介伦理是不断发展的、历史性的动态建构，传统的新闻伦理体系主要针对单一或同质文化报道实践的问题，跨文化的维度相对缺失，难以适应新闻全球化和跨文化的发展。正是新闻伦理是一成不变和放之四海而皆准的认识阻碍了记者正视跨国、跨文化报道中的问题，无益于规范和指导跨文化报道实践。跨文化报道的实践问题催生媒介伦理理论问题的反思，对新闻伦理理论跨文化转向的反思与重构又将更有针对性地指导和解决跨文化报道的伦理实践问题。因此，本章尝试在全球化视域下从理论层面反思新闻伦理规范跨文化转向与重构的必然与路径。

第一节　新闻伦理规范的跨文化转向

从伦理理论的历史发展来看,媒介伦理并非源于哲学领域,而是来自新闻实践。[①]新闻伦理研究的勃兴根源于新闻报道实践发展的需求,探讨新闻道德,制定行业规范,引导职业实践,制约失范行为,推进新闻行业的专业化转变。传统新闻伦理多以民族国家为界,针对单一或同质文化的问题,但随着媒介技术的全球化发展,"新闻报道受众不再局限于国界与同质文化范畴,新闻伦理学界开始意识到需要探讨一种新的能够指导全球化新闻实践的伦理框架"。[②] 2003 年,美国媒介伦理研究的重要学术阵地《大众传媒伦理学刊》(*Journal of Mass Media Ethics*)组织本领域最活跃的学者,以"探索全球媒介伦理"为主题出版了一期专刊,标志着西方媒介伦理学界从本土化到全球化和跨文化的正式转向。[③]

回顾现代新闻业的发展,新闻伦理的建构都是区域性的,各国各地区条款各异的伦理规范也都是针对本土的、地方性的和民族国家的。根据学者沃德的划分,新闻伦理的发展可分为五个阶段,第一阶段为西欧新闻伦理的初兴,第二阶段是启蒙时期对公共伦理的讨论,第三阶段从第四权发展到自由报业,第四阶段为 20 世纪自由民主理论与其批判理论同时发展的阶段,形成了社会责任论基础上的客观新闻伦理,第五阶段探讨新媒体时代媒介技术发展给新闻业与新闻伦理带来的冲击与挑战。[④]媒介技术发展使新闻全球化成为可能,

---

① 单波、[美]克利福德·克里斯琴斯:《跨文化时代的新闻道德推理——访著名媒介伦理学教授克利福德·克里斯琴斯》,跨文化传播学术网 2013 年 3 月 19 日,见 http://www.icchina.org/view.asp? ID=523。

② 引自 Herman Wasserman 教授于 2013 年 2 月 27 日对笔者所做的邮件访谈答复。

③ 引自 Leo Bowman 教授于 2013 年 4 月 19 日对笔者所做的邮件访谈答复。

④ S.Rao, H. Wasserman, "Global Media Ethics Revisited : A Postcolonial Critique", *Global Media and Communication*, Vol.3, 2007, p.29.

新闻传播的各个环节都打破了地域、族群、文化和价值观的疆界，全球的影响力也意味着全球的责任。在新闻全球化的新阶段，“要能意识到反映一国文化价值观的信息在他国文化情境下被接收时可能会产生冒犯或伤害，这种理解很重要。因此记者们看问题要突破国家/地域的视角，这些视角通常带有特定的偏见，而学者们要努力建构一套能尽可能获得普遍接受的，尊重不同文化，具备讨论空间的伦理系统”。①

在新的发展阶段分析新闻伦理革新的具体情境与社会生态，一方面新闻实践与伦理都正在经历球土化的双向过程，既受全球化影响，又需面对本土社会文化背景，在全球和本土碰撞和磨合的双向运动中不断进化演变，形成新的意义；②另一方面，随着新闻传播研究从效果研究到社会生产研究再到文化视角的转向，批判理论，尤其是后殖民主义理论、女性主义理论、文化研究等扩展了新闻伦理研究的视野，对伦理与权力、西方中心主义、文化霸权等的反思，使媒介权力与文化差异被逐渐推到新闻伦理的研究中心，理论上的创新与转向势在必行。

综上所述，无论是从历史发展态势到新阶段变迁的纵向维度，还是从新闻实践到理论发展需求与革新的横向维度，新闻伦理从本土转向全球、从单一转向多元都成为必然趋势，从跨文化的维度重构全球新闻伦理，对理论创新和实践指引，均具有重要意义。跨文化新闻伦理问题产生于跨国、跨文化新闻实践，跨文化报道中日益出现的新问题让很多学者意识到在文化多元的情境下应该对新闻客观性、新闻社会角色、新闻伦理等相关理论各方面进行反思。③全球报道的伦理问题，实质上是新闻全球化与本土化互动实践过程中出现的

① 引自 Leo Bowman 教授于 2013 年 2 月 27 日对笔者所做的邮件访谈答复。

② H.Wasserman，S. Rao，“The Glocalization of Journalism Ethics”，*Journalism*，Vol. 9，No. 2，2008，pp.163-181.

③ M.Deuze，“What is Journalism? Professional Identity and Ideology of Journalists Reconsidered”，in D. A. Berkowitz (ed.)，*Cultural Meanings of News－A Text－Reader*，Thousand Oaks：Sage，2011，p.26.

新问题。既有新闻伦理主要针对以国家或地域为单位的本土新闻实践问题与规范，反映区域主导地位的价值与文化。全球化过程中逐渐增加的跨国、跨文化报道，是一种全球化与本土化碰撞互动的实践过程，在此过程中产生了种种新的伦理问题，以及针对这些问题的伦理理论探讨。

在跨文化报道的新闻伦理问题中，最核心的两个影响维度是权力与文化因素，因此针对跨国、跨文化报道的伦理问题探讨应该具有批判性的和跨文化的视角。例如，后殖民主义理论就为探讨全球媒介伦理提供了一种批判的视角，从相同概念在不同文化的理解与释义中挖掘历史与权力的不平等关系，提醒新闻从业者改变带有种族中心主义偏见的认识论。①娆指出媒介伦理的探讨从理论到历史溯源多是西方主导，伦理学界很少引入后殖民主义、全球化和跨国主义路径，许多学者仍然认为西方媒介伦理具有普适性，伦理原则中很少融入非西方传统的部分。②沃德认为批判理论扩展了新闻伦理的视野，从批判角度来看，以男性主导的、欧洲中心主义的、个人主义的、普世主义偏向的自由主义为基石的传统新闻职业伦理同样存在自由主义的偏见与限制。批判理论对新闻伦理研究的启示就是去西方化，认为在讨论新闻伦理时应该运用跨文化比较方法，融合全球与本土进行探讨。③克里斯琴斯等认为后殖民主义批评研究虽然质疑媒介伦理的西方认识论和欧洲中心主义，但并非否定建构全球媒介伦理的可能性，只有批判地审视和重构伦理体系，才能建构出适合人类多样性的全球伦理。④

---

① H.Wasserman,"Media Ethics and Human Dignity in the Post-colony", in S.J.A.Ward, H. Wasserman (ed.), *Media Ethics Beyond Borders: A Global Perspective*, New York and London: Routledge, 2010, pp.75-89.

② S.Rao,"Postcolonial Theory and Global Media Ethics: A Theoretical Intervention", in S.J.A. Ward, H.Wasserman (eds.), *Media Ethics Beyond Borders: A Global Perspective*, New York and London: Routledge, 2010, pp.90-104.

③ S.J.A.Ward,"Global Journalism Ethics: Widening the Conceptual Base", *Global Media Journal*, Vol.1, No.1, 2008, pp.137-149.

④ C.G. Christians, S. Rao, S. J. A. Ward, H. Wasserman, "Toward a Global Media Ethics: Theoretical Perspectives", *African Journalism Studies*, Vol.29, No.2, 2008, pp.135-172.

新闻伦理经过全球—本土互动的过程最终会产生怎么样的结果？印度的经验提供了一种样本。考察印度的新闻伦理在全球—本土化影响中发展变化的过程，我们发现印度新闻伦理没有向西方一样重视"真相"，而是更强调准确，并在尊重传统文化的基础上重视克制。这说明全球—本土化是一种能包容的理论框架，全球与本土互相影响，全球影响通过本土实践表现，本土化程度不弱反强，这种框架脱离全球与本土的两级对立，使人们意识到新闻全球化在本土实践中的复杂性，因此反思与建构跨文化新闻伦理需要记者结合本土的社会文化情境、经历与价值观。①

在理论反思基础上重构跨文化新闻伦理被认为是一种乌托邦的理论构想，但也是解决跨文化报道伦理问题的理论出路，有志于此的学者们已经开始提出实现跨文化新闻伦理重构及推行的设想。沃德指出最理想的实现方式分两步，一是重构跨文化新闻伦理的内容，二是推广与应用。第一步需要建构跨文化新闻伦理的普适原则和特定原则，第二步主要面向从业记者推广跨文化新闻伦理，并在其跨文化报道实践中得以应用。实现方式分以下几步：首先将跨文化新闻伦理思想推介引入公共讨论，让公众意识到目前的新闻伦理体系需要更新、调整和重构。通过在学术会议、电视和广播节目中讨论，同时出版相关文章与书籍，让跨文化新闻伦理重构研究在新闻传播院校有一席之地。其次建构和确立跨文化新闻伦理的原则与规范。而推广应用方面则要从国际媒体开始。通过第一阶段的公共讨论，形成大体取得共识的目标与原则。然后出台针对跨文化媒介伦理的原则与规范。出台的新规范经过各界的反馈探讨，从业者逐步开始接受跨文化媒介伦理的必要性。同时要建构跨文化新闻伦理核心原则，先由研究者确立哲学框架与理论体系，然后对从业者进行推广和释义，通过案例让从业者明白新的跨文化伦理规范对媒体实践的重要性。最后阶段是实现跨文化新闻伦理的革新，各界广泛接受新的跨文化新

① S.Rao，"Glocal Media Ethics"，in R.S.Fortner，P.M.Fackler（eds.），*The Handbook of Global Communication and Media Ethics Volume* Ⅰ，Chichester：Wiley-Blackwell，2011，pp.154-170.

闻伦理。①

重构适应全球化时代的新闻伦理规范，是解决跨国、跨文化、跨种族新闻伦理问题的重要理论路径。伦理分为三个层面，第一层面为元规范（meta-values），是超越文化、种族和地域的人类核心价值，第二层面是伦理原则，第三层面为伦理规范，伦理的发展变化主要在第二、三层面，通过批判地审视既有伦理，建构适合人类多样性的全球跨文化新闻伦理。②建构相对统一的跨文化新闻伦理不仅要反映人类文化的多样性，还要考虑不同社会环境的适应性。当然，文化的多样性不能等同于伦理的多样性，事实上研究表明不同区域伦理规范中的核心理念是相似的，这部分伦理即建构全球新闻伦理的"元规范"（meta-values）的基础。例如，有学者通过对四大洲中十三国伦理规范的比较研究，发现生命神圣就是一种普世的元规范。③

跨文化新闻伦理重构的第二、三层面则是抽象程度较小的特定伦理原则与规范。克里斯琴斯认为告知真相、人类尊严和非暴力原则构成全球新闻伦理的核心原则。④魏瑟曼认为核心价值原则在应用时也要考虑不同情境，记者要遵循一种"倾听的伦理"，尊重差异，参与探讨。⑤兰博斯提出了指导记者的5条原则：告知真相、公正、自由、人道主义、服务性。克兰德曼和比谦普指出追寻真相、避免伤害、信任是记者的美德。魏瑟曼和娆强调对本土文化和价值的尊重与理解。斯传斯提出了4种伦理标准：克制（避免伤害）、自我认知（避

---

① S.J.A.Ward,"Global Media Ethics: Utopian or Realistic?" in S.J.A.Ward (ed.), *Global Media Ethics: Problems and Perspectives*, Chichester: Wiley-Blackwell, 2013, pp.292-313.

② S.J.A.Ward,"Summary of 'Toward a Global Media Ethics: Theoretical Perspectives'", *Journal of Mass Media Ethics*, Vol.25, No.1, 2010, pp.65-68.

③ C.G.Christians,"Cultural Diversity and Moral Relativism in Communication Ethics", in A.G. Nikolaev (ed.), *Ethical Issues in International Communication*, Hampshire: Palgrave Macmillan, 2011, pp.38-43.

④ C.G.Christians,"Universalism versus Communitarianism", in R.S.Fortner, P.M.Fackler (eds.), *The Handbook of Global Communication and Media Ethics Volume* Ⅰ, Chichester: Wiley-Blackwell, 2011, pp.393-414.

⑤ 引自 Herman Wasserman 教授于 2013 年 2 月 27 日对笔者所做的邮件访谈答复。

免自我欺骗)、尊重他者(避免滥用权力或服务)、责任(对自己行为的后果负责)。赫舍认为规范包括:真相、完整、利益冲突、自由、诚信、尊重隐私、对待他者,博金斯则认为规范包括告知真相、独立、负责任的自由。沃德提出信用、可辩解的后果、人道主义构成核心原则。布里斯林认为启发公民意识是普适价值。科瓦齐克认为记者应该以责任、包容与移情作为统一伦理标准。伯传德认为尊重生命、促进人类团结、不撒谎、尊重财产、避免不必要地伤害他人是基础伦理,而普适的新闻伦理原则包括竞争、独立、准确和促进社会。库伯指出真相与真实是各种伦理规范中最核心的,其次是责任。哈菲之在研究欧洲、北美中东和亚洲穆斯林地区的伦理规范后,认为真相、准确和客观是最普适的跨文化伦理规范。①通过调查亚洲和中东国际政治记者,也有研究总结出跨文化报道的一般伦理包括:尊重他者、对宗教与文化多样性的宽容、有限度地报道真相、自由与独立,而国际传播中的核心伦理原则包括多元主义、关心他人与民主。②

第二节　新闻伦理的跨文化价值观念

在不断发展的过程中,以"世界主义伦理观""多元主义伦理观""主体间性"为代表的价值理念逐渐被引入跨文化新闻伦理价值观的理论构建讨论中。

一、世界主义伦理观:个体为道德考量上的终极单元

全球化和跨文化传播拓宽了信息的流动范围,拉近了传受双方的距离,跨

① K.Tsetsura, D.Craig, O.Baisnee, "Professional Values, Ethics, and Norms of Foreign Correspondents", in P.Gross, G.G.Kopper, (eds.), *Understanding Foreign Correspondence*, New York: Peter Lang Publishing Inc, 2011, pp.165-185.

② E.Le, "Identities, Ethics and International Communication in the French Context", in A.G.Nikolaev (ed.), *Ethical Issues in International Communication*, Hampshire: Palgrave Macmillan, 2011, p.117.

文化、全球化报道所导致的伦理问题需要从全球视野出发，寻求可行性的理论资源进行解释并加以解决。世界主义伦理观作为一种规范性的概念，是个体和他者关系的一种认知和定位，涉及个体与他者关系范畴中的道德界定和价值判断。①该理论的发展和应用为跨文化新闻伦理价值观问题的探讨提供了理论资源。

起源于古希腊的斯多葛学派的朴素"世界主义观"的主要观点是人类作为整体世界公民的理念，强调个人的内在权利是普遍、永恒的。启蒙运动时期康德将斯多葛学派"世界主义观"进一步阐述和发展，形成一个完整体系，康德的"世界主义"包括相应的哲学原理、正义规则以及制度设置等。目前世界主义广泛应用于伦理、身份认同以及政治理论构建。②作为伦理理念，世界主义伦理观更多是强调不同文化区域的个体价值和作用。

世界主义伦理观认为人类是一个种群意义上的整体，每个人都类似于一种原子式的存在，个体皆为同等的世界公民，都从属于同一个精神和伦理共同体。在伦理价值的选择和判断上，世界主义伦理观坚持把每个公民个体看作是"道德关怀的终极单元"③。这预示着在伦理抉择过程中，每一位个体都具有相应同等的道德地位和价值序位。世界主义伦理观拒绝了以民族和国家作为道德行为主体的"国家道德"学说，而是把身处不同区域、不同民族和不同文化背景的个体作为道德考量的最终因素，但也并不否认民族主义伦理观。④基于世界主义的伦理观强调的是对普遍的人的关爱，是一种跨越国家、文化界限的人类世界共同的关爱。在这种理念支配下的实践活动也必然考量民族间的相关利益。在某种程度而言，这种基于民族区域间"合作—理解"关系的世界主义伦理观也是一种具有通约性、广泛意义上的民族

① 李建华、张永义：《论世界主义伦理观的核心命题》，《哲学动态》2010年第5期。

② Robert, K.Glenister. *Limits of Cosmopolis: Ethics and Provinciality in the Dialogue of Cultures*, New York: Peter Lang Publishing Inc, 2014, p.35.

③ 李建华、张永义：《论世界主义伦理观的核心命题》，《哲学动态》2010年第5期。

④ 牛静：《世界主义、民族主义与全球媒介伦理的建构》，《新闻与传播研究》2016年第2期。

主义伦理观。①

在当前新闻传播语境下，秉承世界主义伦理观要求跨国、跨文化新闻从业者在跨文化报道活动中符合以下三方面要求：一是具有整体视野和全局观念，超越国家和地方主义的局限性和偏见；二是突破区域和地方主义的封闭性，承认并尊重文化差异；三是超越以自我文化为中心的思想，平等对待每位个体。②这表明，在新闻生产活动过程中遇到伦理困境时要意识到各个主体平等的地位，尊重每位被报道对象的尊严、行为以及习俗等，对“他者”负责，并将每位个体都看作道德考量上的终极单元。在不同文化情景的采访报道过程中走出狭隘的民族主义以及区域伦理规范，转向从全球视野去审视每个国家、每种文化情景内可能发生和出现的事物，进而去采访报道。当遇到相互矛盾的价值冲突时，世界主义伦理观要求我们在尽量满足普遍遵循的伦理原则基础上再满足对“同胞的偏爱”，即通过寻找底线伦理来构建跨文化的传播伦理。③世界主义伦理观可以作为一种有效的价值观念去解释全球报道带来的伦理问题，坚持“把每个个体视为道德关怀的终极单元”能在一定程度上为跨文化新闻报道的伦理问题提供判断的价值框架。

二、多元主义伦理观：“一种关于价值之终极本质的学说”

全球范围内不同区域的伦理规范准则存在不同的价值导向和价值追求，由于区域地理、生活习惯以及劳动实践方面的差异，这些伦理规范和准则不可能完全一致，它们之间往往相互冲突或抵触。④随着全球化的趋势演进，不同价值观支配的民族在相互交往过程中产生了伦理问题，传统伦理学中关于伦

---

① 刘国强、汤志豪：《世界精神与民族关怀：全球化时代的跨文化传播伦理构建》，《国际新界》2018 年第 12 期。

② 戴颖洁：《世界主义与对话：媒体城邦的处事伦理》，《浙江传媒学院学报》2014 第 6 期。

③ 牛静：《世界主义、民族主义与全球媒介伦理的建构》，《新闻与传播研究》2016 年第 2 期。

④ 郑少翀：《走出价值多元主义的困境》，《福建论坛（社科教育版）》2007 年第 4 期。

理价值的普遍主义和相对主义面临着实践中的困境,因而遭到质疑。价值的终极本质不止一种,作为解决全球伦理问题关键的伦理多元主义规避了上述路径的不足,成为一种新的方法和路径。伦理多元主义一方面避免了普遍主义的绝对性,同时也避免了相对主义所造成的道德标准混乱的问题,伦理多元主义者认为不同的民族和区域存在不同的价值观念,处理伦理问题应该考量区域理念差异。

多元主义最早来源于詹姆斯的多元论,在他看来,世界在任何情况下都不能保证实现现实的完全统一性,这一论点为后来哲学家提出多元主义提供了理论基础。学者柏林对多元论进行了批判性继承,认为多元主义是"生活本身赋予了我们的多元价值,这些价值是同样真实的,同样根本并且同样具有客观性的,因此,它不可能是由一个永恒的统治者来命令的,人们也不可能按照同样一种绝对化的标准对之判断"。①从这个意义上看,多元主义与相对主义最大的区别在于,它意味着不同地域、不同民族以及不同文化的价值体系可以共处,这为跨文化问题的解决提供了一种新的视角。

伦理学视域里的多元主义观可以追溯到古希腊柏拉图的"理念论"以及亚里士多德的"中心意义",伦理的多元主义强调两种基本主张,一是承认不同国家民族存在一些共同规范或价值;二是认为受不同的历史文化影响,这些价值有不一样的呈现和解释,这些不同的呈现和解释体现为多元性。②伦理的多元主义面临最大的困境在于"一元论"和"多元论"、"普遍主义"和"相对主义"之间的悖论,在此情况下,罗尔斯的"政治自由主义"借助"回避方法",将多元主义中的"正当"和"善"分离,使各种完备的价值能够达成"意识重叠"来克服多元主义不可避免的相互冲突的问题;此外,在不断地发展过程中,格

① I.Berlin, *The Crooked Timber of humanity: Chapters in the History of ldeas*, in H.Hardy(ed.), New York: Vintage, 1992, p.13.

② 姚新中、席玥桐:《多元文化主义视域下的当代伦理秩序重建》,《探索与争鸣》2017 年第 2 期。

雷在批判罗尔斯的“自由主义”基础上，提出“权宜之计”，调和那些彼此冲突价值的个人和观念，使之能够和谐生活。①

伦理的多元主义并不认为全球媒介伦理准则的构建是一种乌托邦式的理想状态，而是相信全球媒介伦理构建是一种经过实践可以达成的愿景。但伦理多元主义拒绝普遍主义中认为伦理原则是普遍存在于世界的单一性和绝对性，也不认同相对主义中夸大族群和文化间的差异性，而是在多元的道德行为规范中总结出合理和适用的伦理规范和行为准则，且又保持各族群各区域不同文化的特性，以此促进不同范围内伦理规范的践行以及不同族群的和谐相处。在具体新闻传播层面，特别是跨文化新闻报道上，伦理的多元主义给跨文化新闻报道实践提供了一种价值指导理念，要求我们放弃追寻对伦理问题一劳永逸的解决办法，转向一种“现实感”的实践，并以积极的态度面对不同文化相处过程中内在的冲突。②具体表现为跨文化新闻从业者要培养多元文化的视野，用平等多元的态度对待与自身不同的异质文化，尊重每位报道对象的利益，并用开放包容的心态应对每位被报道者的生活习惯和认知体系。伦理的多元主义“是一种关于价值之终极本质的学说”③，但也同时承认价值的终极本质不止一种，因而跨文化新闻从业者需要坚持多元视角，不用统一标准去衡量各种价值体系，进而构建多元视野。

三、主体间性：“主体—主体”的平等理念

从主体性到主体间性的思想转变是哲学发展史的一种取向，也为解决文明交流所带来的问题在中西哲学之间架起了理论桥梁，为促进世界沟通提供了一种路径。④主体间性，又称为主体际性或交互主体性，是指两个或两个以

① ［英］约翰·格雷：《自由主义的两张面孔》，顾爱彬、李瑞华译，江苏人民出版社2002年版。

② 郑少翀：《价值多元主义审视》，《伦理学研究》2007年第3期。

③ ［美］查尔斯·拉莫尔：《现代性的教训》，刘擎等译，东方出版社2010年版，第169页。

④ 张再林：《关于现代西方哲学的“主体间性转向”》，《人文杂志》2000年第4期。

上的多元主体共处的关系，它超越了主体与客体之间的对立关系，转向主体与主体间的平等关系。[①]主体间性的发展大致可分为三个阶段，从胡塞尔的现象学开始，主体间性理论开始并逐渐成为现代哲学研究的主导思想，经过海德格尔以“此在”为中心的主体间性思想，发展到第三阶段布伯的对话主义主体间性，使得该理论突破主客体关系模式，转向以主体间关系本身来直接构筑主体间关系模式。[②]

主体间性理论在现代多元主体的社会交往中显得尤为重要，它所强调的“主体—主体”之间的平等关系对于全球化的政治、经济、文化交流起到积极的促进作用。在跨文化传播中，多元文化主体之间的交流需要以平等、开放、包容的态度去接受和融合各种意见和建议，形成平等协商、多元共处、互利互惠的跨文化传播秩序及准则。跨文化的新闻传播过程其实就是“主体—主体”之间的协商对话，报道者如果受到主体性的理念支配，那必然将自身之外的一切，包括所处的现场、使用的报道手法以及报道对象都视为“客体”，由此产生的不平等身份地位可能使报道者陷入“自我”的思维状态，进而导致新闻伦理问题的出现。而主体间性的理念可以帮助报道者转换思维模式，多元主体之间的关系理念一方面可以将报道者与被报道者置于平等位置上，考察报道可能对双方带来的风险或伤害，并进行相关利益的权衡，以此将报道风险降到最低；另一方面，主体间性的哲学思想意味着权力关系的平等，可以摆脱报道者以“自我”为中心的理念，转为不同文化情景的考量，在一定程度上减少强势文化对弱势文化的优越地位。

具有伦理合理性的跨文化传播强调每一个传播参与者的主体性地位，谋求在不同文化背景下建立某种具有主体间性的相互关系，这一点在大众传播

① 安玫：《中西方主体间性哲学的思考》，《新疆大学学报（哲学·人文社会科学版）》2009年第3期。

② 张再林：《关于现代西方哲学的“主体间性转向”》，《人文杂志》2000年第4期。

中显得尤为迫切。[①]跨文化报道中伦理问题出现的一个根本原因在于报道者对他者文化的忽视和误解，以及因此造成的文化误读及文化隔阂。如果报道者在跨文化报道中把被报道者放在一个“主体”地位，那么报道者就会充分考量被报道者的文化背景以及报道禁忌，避免由于文化因素所带来的伦理问题。

综上所述，通过梳理当前几种适用于跨文化新闻传播的伦理价值理念可发现，与传统伦理理念的最大区别是，这几种价值理念突破了以往应用伦理学以西方伦理价值为取向的路径，转而向东西方共同的文明基础探寻理论根基，着眼于世界的、多元的视角去发现和解释问题。世界主义伦理观、多元主义伦理观以及主体间性理念虽然有不同的理论渊源和核心主张，但三者之间有区别也有联系，具体落脚点在于“他者”，强调他者的平等性和个体权益。世界主义伦理观要求抉择者抛开自身身份、地位、文化背景等，表明每个个体都应该具备同等的价值序位，即每个人都是值得被优先考虑的对象，这在“集体—个体”“强势文化—弱势文化”等矛盾的抉择上起到一定作用；多元主义伦理观承认伦理问题的多元性，由此对问题的解决方式以及判定标准也具有多元性。该理念承认核心价值的存在，可以解决跨文化以及全球化带来的问题，但是这种价值是浮动的，表现为在不同文化情景下存在不同呈现，需要设身处地考虑“他者”情景，以平等、尊重的心态对待他者；主体间性则关注参与各方的平等价值地位，超越“主体”和“客体”的对立关系，在跨文化报道时尊重个体的合理权益，也坚持用多元统一的视角去对待不同文化情景所导致的伦理问题。因而，主体间性的发展不仅是哲学史上的“新取向”，在伦理学上的引入也是一种融合视野，它既是跨文化新闻报道伦理问题的阐释理论，同时更是一种方法论，在“双主体性”平等理念指导下提升跨文化新闻从业者的伦理敏感性和跨文化报道能力。

从区域到全球，从规范到理念，新闻传播的跨文化和全球化实践是动态发

① 单波：《跨文化传播的问题与可能性》，武汉大学出版社2010年版，第188页。

展的过程，实践中出现的伦理问题也必然需要用动态发展的视角去审视和解决。随着实践的深入，全球新媒介伦理问题的相继衍生，在价值元素的层面上，更多具有跨文化视野的价值理念将会相继纳入讨论范围，拓宽跨文化新闻伦理价值观的探讨和跨文化传播研究的视野。

第三节　新闻伦理的跨文化原则探讨

长期以来，媒介伦理学家致力于探寻全球适用的媒介伦理规范以指导跨文化报道带来的伦理问题。但伦理规范产生于实践活动，并随着实践中发现的问题不断调整，过于追求一成不变的全球媒介伦理规范无疑容易陷入普遍主义的沼泽。价值理念和伦理原则的交流都有一定的文化背景，且处在变动发展之中，跨文化传播所要关注的是不断变动的价值和规则如何能在不同情景下检验与运用。因此，跨文化新闻报道的伦理构建也应该从动态发展的视野出发，在对话中推动跨文化伦理原则的探讨。

卡尔所提出的跨文化传播中全球化"道德代码四原则"为跨文化的伦理对话提供了一种路径。他指出面对不同文化群体的交流和传播需要做到：(1)对不同文化的人采用自己希望得到的尊敬态度；(2)尽可能准确描述你所感知的世界；(3)鼓励其他文化的人用自己独特的方式去表达自己；(4)努力寻求同其他文化的共同点。①诺丁思从女性主义角度出发提出了关怀伦理原则，认为关怀应该是至高无上的伦理原则，当博爱的力量足够大的时候，它可以适用于多种情景伦理问题的解决。②而社群主义则致力于解决全球范围内的伦理问题，该原则认为，不同文化之间应该具有肯定存在的态度，通过展开对话促进彼此深入了解。此外，伊斯兰教的"神圣戒律"以及中国儒家文化的

① 单波：《跨文化传播的问题与可能性》，武汉大学出版社 2010 年版。

② ［美］克利福德·G·克里斯琴斯：《媒体的良心》，孙有中、郭石磊、范雪竹译，中国人民大学出版社 2014 年版。

“己所不欲、勿施于人”“大同理念”等伦理原则相继被纳入全球媒介伦理原则的探讨范围，成为跨文化新闻从业者伦理困境抉择的重要依据。

综合上述原则要素来看，尊重、平等、关怀以及协商等是跨文化报道的伦理原则核心要素，跨文化报道中尊重彼此，关爱对方，保持各文化主体的多样性，就可能达成伦理关系对话。伦理的形成和构建是动态发展的，因此跨文化的伦理构建实则是伦理融合的过程。基于对跨文化报道新闻伦理事件的分析，跨文化新闻传播的和谐理念被提出，以此来减少并降低跨文化新闻从业者在实践过程中的风险和困难。

和谐理念包括以下六方面内容：一是从他者角度考虑跨文化新闻传播，充分考量被报道者的文化背景及境遇；二是在文化开放的语境下构建跨文化新闻传播；三是寻求跨文化新闻传播的公共空间；四是肯定人类具有跨文化传播的可能性、承认文化的无边界性及表达方式的无限可能性和多样性；五是既尊重国家主权，又信守全球新闻自由原则，并建立二者的统一关系；六是跨文化报道的平衡准则。①我们通过以上六方面内容尝试构建合乎跨文化理性的新闻传播伦理。跨文化新闻传播的目的和意义在于促进文化双向交流，相互融合，而跨文化新闻传播和谐原则在一定程度上可以指导新闻从业者应对跨文化报道中的伦理问题。

借鉴上述和谐理念，可以提炼跨文化新闻报道的和谐伦理原则要点。一是“他者”视角。全球本土化的发展趋势表明，各国、各民族的文化都不是孤立的发展状态，而是在相互影响中形成多元共处的局面。在多元价值主体的相互作用下，跨文化新闻从业者需要转变以“自我”为主体的思维方式，从报道对象的角度出发，充分考量“他者”报道的影响因素和后果，才能达成不同文化语境双方的跨文化对话。只有充分考虑“他者”的新闻传播才是具有跨文化伦理意味的。②从“他者”角度考虑，可以消除跨文化报道中的不平等现

① 单波：《跨文化传播的问题与可能性》，武汉大学出版社 2010 年版，第 240—243 页。

② 单波：《跨文化传播的问题与可能性》，武汉大学出版社 2010 年版，第 240—246 页。

象，促使报道者了解各自文化的价值和特点，在不断沟通协商中寻求最佳报道呈现方法，避免跨文化伦理问题的出现。具体表现在媒体对少数群体如艾滋病人的报道上，如果媒体报道充分站在"他者"角度为艾滋病人发声，客观公正地报道艾滋病群体，而不是将其与性不洁或其他污名化的标签联系起来，那么新闻报道就可以减少对该群体的伤害。

二是文化开放。跨文化新闻传播必须建立在文化开放的语境中，文化开放意味着文化间存在达成相互交流的可能性，是跨文化新闻传播的前提和必要条件；同时文化开放也预示着各民族各地区的人们以接纳包容的心态对待多元的文化主体，促进双方了解。在新闻报道层面，文化开放预示着报道者与报道对象之间的相互尊重，包括尊重他人尊严、维护基本事实的同时理解"他者"对事实的反应。它促使新闻从业者加强跨文化传播能力及跨文化伦理敏感性，消除群体间的语言偏见，进而减少对"他者"的偏见以及刻板印象。文化间的相互融合只有在文化开放的过程中才能实现，文化融合并非文化走向单一性，而是各种文化在相互作用下得以发展，促进文化发展的多样性以及无限可能性。

三是公共空间。跨文化新闻传播中产生的问题与隔阂很大程度上在于报道主体对彼此文化意义的漠视和缺乏了解。世界主义伦理观坚持把每个个体作为道德考量的终极对象，倡导用世界普遍接受的"底线伦理"来解决全球化报道带来的问题。诚然，在不同情景报道下寻求双方都具有价值和意义的"公共空间"能在一定程度上提供跨文化对话，减少因文化休克及文化漠视所带来的跨文化问题。跨文化的公共空间分为两种，一种是广泛意义上的"共义域"，是指跨文化双方所拥有的共同经验和背景；另一种是少数和多数之间的公共空间，也就是少数群体和主流群体之间的交集。[1]跨文化新闻报道应该积极寻求文化主体的意义共同点，发现少数群体和主流群体之间的共同话题、

---

① 单波：《跨文化传播的问题与可能性》，武汉大学出版社 2010 年版，第 240 页。

关心点等,跳出国际报道的传统新闻叙事框架,促进双方的互动交流,达成有益于双方的意义分享。

四是多元平衡。全球化所带来的经济、政治以及文化失衡严重挑战着跨文化新闻传播,发达国家在跨文化报道中主导话语权,由此导致报道失衡、对发展中国家的偏见问题日趋严峻。坚持跨文化报道中的多元平衡原则首先是尊重多元主体的利益,跨文化新闻传播和谐理念指出,跨文化新闻传播既要尊重国家主权,又要信守全球新闻报道准则,并建立双方的统一关系。① 其次是平衡发展中地区以及发达地区的话语权和报道角度,通过多种内容和技术手段多方面呈现不同文化的特点,减少主观性的评论和点评,避免狭隘的报道视角等,平衡各方面的报道,以此减少跨文化报道带来的地域或群体偏见。

融合跨文化新闻传播的和谐理念,以"他者"视角、文化开放、"公共空间"以及多元平衡的伦理原则为依据,是跨文化伦理原则构建的路径之一。跨文化报道的伦理问题需要双方彼此沟通协商、相互对话,体现了一种动态发展的过程,从跨文化新闻传播和谐理念延伸出来的四项伦理原则在一定程度上符合平等、尊重、多元、协商等全球媒介伦理原则的核心要素,是跨文化报道伦理原则构建的补充和发展。

综合国内外的跨文化新闻伦理原则讨论,归纳如表 5-1。

表 5-1　新闻伦理原则的跨文化探讨

名称	伦理原则要点
全球化"道德代码四原则"	尊敬、准确、鼓励、共同点
关怀伦理	关怀、慈爱、照顾
社群主义	对话、沟通
伊斯兰教"神圣戒律"	正义、尊严、真理
儒家思想	己所不欲,勿施于人等
和谐理念	他者视角、文化开放、公共空间、多元平衡

① 单波:《跨文化传播的问题与可能性》,武汉大学出版社 2010 年版,第 240 页。

新闻全球化和跨文化报道的实践问题催生着新闻伦理的全球化、跨学科、跨文化的重构转向，而新闻伦理的跨文化重构有望指导新闻全球化的各类实践问题。从2003年美国《大众传媒伦理学刊》（*Journal of Mass Media Ethics*）组织以“探索全球媒介伦理”为主题的专刊至今已经数十年，尽管一批有志于建构全球跨文化新闻伦理的学者在本领域耕耘不辍，但距离实现跨文化新闻伦理的推广应用还有相当的距离。一方面媒介伦理研究本身面临着种种质疑，根据沃德的总结，对跨文化新闻伦理的质疑和挑战主要在于认为这种研究是过于理想化的乌托邦主义，从经济和组织结构角度考量，全球跨文化新闻伦理难以付诸实践；从规范和文化障碍角度考虑，全球新闻伦理是理论建构的乌托邦；从文化相对主义和伦理相对主义角度考虑，普适主义并不受欢迎。①另一方面是实践层面的困难，随着跨国媒体出于经济成本考虑不断压缩驻外记者站，预算紧张让记者们更难深入了解其他文化和深入体会具体情境，跨文化报道持续出现“他者化”的弊端，也难以培养记者的“伦理世界主义”观。②当然，理论与实践层面的双重困局并不能否定推动跨文化新闻伦理重构和应用的必然性和价值。学者们也在这些困局中通过自己的成果持续推动本领域经验研究与理论反思的发展。

虽然面临现实的困难与局限，但从新闻伦理跨文化转向的视野去探讨新闻全球化时代跨国、跨文化报道的种种问题，是一种不同于新闻内容、新闻生产与新闻传播效果的研究路径，从反思与重构新闻报道伦理规范的维度去解决跨国、跨文化报道的实践问题，是一种值得探索的解决路径，亟待中国学者们进一步深入。在新闻全球化时代洞察新闻伦理的跨文化转向，参与跨文化新闻伦理重构的探讨，贡献转型中的中国语境下的经验研究成果，不仅有益于中国媒介伦理学界融入国际学术前沿的交流合作，也将有益于指引中国新闻媒体“走出去”的跨文化报道实践。

① 引自 Stephen J.A.Ward 教授于 2013 年 2 月 28 日对笔者所做的邮件访谈答复。

② 引自 Herman Wasserman 教授于 2013 年 2 月 27 日对笔者所做的邮件访谈答复。

第六章　新闻伦理推理抉择的跨文化适用性

在新闻伦理跨文化转向的探讨中，针对新闻伦理推理抉择的跨文化适用性的讨论对于指导和解决跨文化报道实践问题具有可操作的现实意义。新闻伦理推理抉择是伦理理论应用于解决报道实践问题的工具和桥梁，当本土媒体的记者外派到海外报道国际新闻，遭遇各种跨文化的伦理问题或困境，适用的伦理推理抉择模式可以帮助报道者按照模式进行推理，分析问题类型、问题背后的伦理价值和原则冲突，反思价值和原则取向，最终确定解决问题的路径选择。可以说，对跨文化新闻伦理推理抉择的探讨，是跨文化新闻伦理的可操作化尝试，聚焦于解决跨文化新闻伦理问题的工具应用。因此，本章聚焦新闻伦理推理抉择，梳理现有新闻推理抉择模式，对比分析其跨文化的适用性，尝试在推理抉择模式中补充跨文化元素，使之能够应用于分析跨文化报道的种种伦理实践问题。

新闻职业伦理作为一种自律性质的行为规范，有助于制定行业规范，指引职业实践，规约失范行为，从而推动新闻专业主义的发展。①伴随着新闻实践活动的日益频繁，各国新闻职业伦理规范的制定有了更为明确的标准

① 唐佳梅：《中国新闻媒体跨国跨文化采访报道的困境与路径研究》，人民出版社 2017 年版，第 37 页。

和具体要求。以媒介伦理研究的传统阵地之一——美国为例，从最初大众化报刊时期的报业伦理守则发展到美国职业新闻工作者协会（简称：SPJ）制定较为完备的道德规约，对新闻职业伦理规范有了更为具体的解释和指引，但同时也限制了新闻从业者进行伦理抉择的空间。伦理问题产生于一定的新闻实践活动，而伦理规范的出现具有一定滞后性，单以职业伦理规范作为新闻工作者面对伦理困境的抉择指南不仅限制了其思考空间，也无益于提高对新伦理问题的应对能力。因此，对于新闻从业者而言，不仅需要相关的职业伦理规范，更需要培养应对伦理问题的解决能力，即如何进行伦理抉择。

新闻伦理抉择作为方法，对从业者在伦理困境中做出判断和抉择具有重要指导作用。媒介技术发展使跨国、跨文化报道实践常态化。面对不同文化情境下新闻生产所造成的伦理问题以及带来的伦理困境，如何在困境的“两难之地”做出合乎伦理道德的选择，降低报道带来的伦理风险，成为跨文化新闻报道从业者急需解决的问题。当前新闻伦理研究对实践中出现的伦理问题探讨比较多，但对伦理问题的解决方法研究相对匮乏。全球化语境下，记者在跨文化报道时往往会因为语言问题或文化差异而陷入文化误读甚至是文化冷漠的境地，伦理推理抉择可以在实践操作层面上指导记者在面临跨文化伦理困境时有步骤地思考和行动，在一定程度上降低报道带来的伦理风险，让从业者在不断运用伦理推理分析的过程中提高伦理敏感性，加强伦理判断及伦理推理能力。正如亚里士多德所言，道德美德是一种在推理基础上做出选择的习惯。正是通过不断推理，我们学习如何变得富有美德。①

① 甘丽华、［美］克利福德·克里斯琴斯：《全球媒介伦理及技术化时代的挑战——克利福德·克里斯琴斯学术访谈》，《新闻记者》2015 年第 7 期。

第一节　新闻伦理推理抉择相关研究

一、新闻伦理推理抉择研究溯源

伦理抉择起源于应用伦理学，又称为伦理推理，是思维活动的最高形式，是从已知向未知的求解过程，揭示判断与判断之间的关系。①理查德·保罗和琳达·埃尔德在《什么是伦理推理》一书中指出，所有的推理都只有一个目的，试图澄清问题或者解决问题。②从哲学角度上看，伦理抉择是一种对社会伦理问题的选择和判断模式，并试图通过这样一种理论模式达到澄清或解决伦理问题的目的。在新闻伦理学上，新闻伦理抉择就是新闻从业者在报道实践中遇到伦理困境时可依据的一种判断、分析和解决问题的工具和方法。

伦理推理和抉择研究最早可追溯到古希腊时期的公理法。公理法即是一种建构科学体系的演绎法，主要包括符号、公式和推演规则等。③ 17 世纪中期，斯宾诺莎在《伦理学》一书中首次运用公理法，使得一些具有科学逻辑的推理模式出现在伦理学中，此后公理法成为伦理学中的经典方法。20 世纪 60 年代，以美国学者为主导的伦理学家对逻辑实证主义的教条进行了批判，瓦解了正统的分析哲学，促进了应用伦理学的兴起。作为伦理学的一个特殊分支，应用伦理学不仅传承伦理学的伦理原则，而且沿用了其原有的方法论，公理法作为伦理学的经典方法发展为应用伦理学的工程模式。④由公理法演变而来的工程模式，具有严密的推理逻辑及解决现实问题的可能性，不少学者根据应用伦理学的工程模式逻辑来尝试建立行之有效的伦理推理模式，以期为当下社会的伦理困境寻求出路。

---

① 谭中亚、曾钊新：《道德推理的概念分析》，《长沙水电师院社会科学学报》1996 年第 2 期。

② ［美］理查德·保罗、琳达·埃尔德：《什么是伦理推理》，外语教学与研究出版社 2016 年版。

③ 王海明：《伦理学方法》，商务印书馆 2003 年版，第 152—153 页。

④ 沈莉蓉：《中国新闻伦理学研究模式的反思与探索》，硕士学位论文，暨南大学 2015 年。

1965 年,拉尔夫·波特在其博士论文中首次提出伦理抉择的波特模式,为解决当时由于核武器增多而导致的社会伦理问题提供了一种解决途径。[1]经过不断完善和发展,波特于 1999 在其著作《波特图式的起源与应用》中明确指出,在具体的道德境遇中,人们的行为抉择应当从合理的道德推理中得出。波特模式主要包括四个部分:分别是定义事实、选择价值立场、诉诸伦理原则以及选择忠诚归属,通过四个步骤的考量来指导人们作出合理的伦理判断。[2]美国媒介伦理学者克利福德·G·克里斯琴斯在《媒体的良心》一书中详细介绍了波特模式的应用情况。在新闻伦理学上,波特模式作为一种严密成熟的逻辑推理模式广泛应用于各种新闻伦理事件的分析上。作为一种方法和工具,波特模式为新闻从业者解决伦理困境起到重要作用,也给新闻伦理学研究提供了新的视角,但其局限性及适应性等问题也日渐显现。在媒体全球化、跨文化的生态下,一些学者借鉴建立全球媒介伦理规范的逻辑来探索适用性更全面的伦理推理模式,为相关研究拓展新的路径。

二、新闻伦理推理抉择的研究特征

伴随新闻生产实践的深入,由此产生的伦理问题也日益严峻。采访报道活动中多元事实与价值理性发生冲突时,新闻从业者该如何理性地做出抉择成为难题。为此,学者们通过收集和整理争议性的新闻伦理事件,挖掘背后的原因并寻找可行的解决之道,试图为记者破解职业伦理困境提供可操作的推理抉择方法。新闻伦理推理抉择的相关研究具有以下六大特点。

第一,对伦理问题的探讨多于对解决路径的研究。新闻中“伦理”一词最早出现在对报业的批评中,1887 年,《新闻业的伦理》指出报业存在的社会问题,开始把新闻业和伦理问题联系起来。[3]此后,随着新闻实践的深入及新闻

---

① R.B.Potter, *The Structure of Certain American Christian Responses to the Nuclear Dilemma 1958—1963*, Doctoral Thesis, Harvard University, 1965.

② [美]克利福德·G·克里斯琴斯:《媒体的良心》,中国人民大学出版社 2014 年版。

③ 商娜红:《制度视野中的媒介伦理》,山东人民出版社 2006 年版。

业的发展,相关伦理研究逐渐增多。新闻伦理的研究主题相对集中在实践层面,通过分析伦理失范事件或现象,探寻伦理问题的成因及其表现形式,例如,《新闻职业伦理四大争议问题评析》中对当前传媒行业面临的伦理问题进行归类分析,为新闻从业者厘清不同类型的问题。①也有学者关注新闻伦理与新闻从业者的关系,对新闻专业主义、新闻伦理教育、新闻伦理与法、新媒体生态下的伦理问题及其特点进行探讨,多角度论述新闻伦理对于新闻工作者的重要意义。但是,对伦理问题的关注并未明显推动新闻伦理抉择方法的探讨,对伦理困境解决路径和抉择方法的研究非常缺乏。

第二,主要通过个案研究探讨新闻伦理推理抉择的应用。克里斯琴斯指出,从历史发展来看,媒介伦理并非源于哲学领域,而是来自新闻实践。②学者们从新闻从业者面临的具体伦理情境出发,运用个案研究法进行分析解释,为特定的伦理问题提供解决办法。通过厘清伦理问题、寻找原因并提出对策等步骤来进行伦理推理抉择分析,成为新闻伦理学研究中常见的分析范式。比如,通过对具体个案的分析来论述新媒体环境下传媒的失范现象,指出新闻从业者应从内部(如传媒者的自身素养、传媒自律)以及外部(政府、法律)等层面寻求解决办法。③例如,以马航事故为切入点,指出记者在报道悲剧性事件中容易陷入伦理困境,在该类型采访报道过程中需谨慎取舍,做出合乎情理的抉择。④此外,也有学者尝试通过借鉴国外的伦理推理抉择模式对国内的伦理事件进行个案分析,结合伦理价值和原则对新闻伦理事件及伦理问题进行判断

① 展江:《新闻职业伦理四大争议问题评析》,《中国地质大学学报(社会科学版)》2010年第2期。

② 单波、[美]克利福德·克里斯琴斯:《跨文化时代的新闻道德推理——访著名媒介伦理学教授克利福德·克里斯琴斯》,跨文化传播学术网2013年3月19日,见 http://www.icchina.org/view.asp? ID=523。

③ 严三九、刘峰:《试论新媒体时代的传媒伦理失范现象、原因和对策》,《新闻记者》2014年第3期。

④ 刘津:《悲剧性事件的"家属报道"中记者的伦理抉择——以"马航 MH370 失联"报道中记者与家属的互动为个案》,《北大新闻与传播评论》2015年第1期。

和抉择，寻找失范成因并提出相应措施。

第三，新闻伦理推理和抉择模式集中于波特模式和博克模式。波特模式和博克模式作为应用伦理学中较为成熟的伦理推理模式，为新闻伦理学研究提供了一种新视角和新方法。波特模式已发展成为困境中行为伦理抉择的分析模式，其分析包括境遇、价值、原则、忠诚四个板块，确保行为决策与行动抉择都基于理性的伦理分析。①《媒介伦理学：问题与案例》一书则详细介绍了博克模式，指出该模式的“两大前提”和“三大步骤”。两大前提分别是对做出伦理抉择的人报以同情，以及以维护社会信任为目的，而三大步骤则是对良心的拷问、寻求变通的法则以及进行伦理对话，博克认为通过上述步骤可以找到伦理关系的矛盾点，厘清什么是伦理抉择。②

由于波特模式和博克模式具有较高的应用价值，不少研究者尝试用这两种模式对新闻伦理事件进行推理分析以解决问题。但是，引介国外伦理抉择模式来研究国内新闻伦理问题，用西方伦理价值原则来解释中国伦理问题的文化适用性却引发了质疑和讨论。在分析波特模式以及博克模式相关特点的基础上，有学者指出二者在应用伦理原则对某些伦理案件进行推理时可能面临冲突，无法做出正确的伦理判断和抉择，而麦金太尔的美德伦理原则可以用来探讨新的伦理抉择模式。③单波在对克里斯琴斯的访谈中提出补充“波特模式”的跨文化维度，为跨文化新闻伦理问题提供具有文化适应性的分析方法。④

---

① 郑根成：《波特模式的实践启示与反思——行为伦理决定模式中道德推理的理论与实践分析》，《伦理学研究》2012 年第 3 期。

② ［美］菲利普·帕特森、李·威尔金斯：《媒介伦理学：问题与案例》，李青藜译，中国人民大学出版社 2006 年版。

③ 邱戈：《从道德抉择到德行合一——新闻传播中的道德伦理抉择模式比较研究》，《浙江大学学报（人文社会科学版）》2013 年第 3 期。

④ 单波、［美］克利福德·克里斯琴斯：《跨文化时代的新闻道德推理—访著名媒介伦理学教授克利福德·克里斯琴斯》，跨文化传播学术网 2013 年 3 月 19 日，见 http://www.icchina.org/view.asp? ID=523。

第四，主要通过问卷法和实验法探索伦理推理抉择的影响因素和抉择能力的培养。一些学者尝试用问卷法或实验法去探索伦理抉择背后的影响因素，从另一个维度分析新闻从业者在突破困境时存在的问题。李·威尔金斯和雷妮塔·科尔曼所著的《媒介伦理：记者如何做出伦理抉择》一书首次将心理学家科尔伯格的"定义问题测试"实验法（Defining Issues Test，简称：DIT）用于新闻从业者，试图发现采访报道中影响从业者抉择的因素，从而为抉择过程制定更好的选择方案。①此外，对于不同年龄、身份及职业的群体，伦理抉择的影响因素也各有不同。卢西亚诺·加塞尔和蒂娜·马尔蒂通过控制实验研究发现，儿童自身的道德发展以及伦理行为的选择和形成受身边朋友的影响较大；②奥拉辛卡尔·何塞通过对583名大学生进行观察发现，大学生的伦理推理能力发展受其性别、文化以及宗教等因素影响；③而奇凯卢·奥基·费利克斯等人则通过实验法得出个人经历、发现问题的能力以及参与伦理困境的解决会对伦理抉择起到一定作用。④运用问卷法和实验法对伦理抉择进行研究，对问卷或实验数据的分析可在影响因素和抉择效果层面提供支持，有利于伦理推理方法的进一步完善和对从业者抉择能力的培养。

第五，从传统伦理抉择研究转向虚拟世界（特别是社交媒体）中的伦理推理抉择研究。媒介技术的发展打破了地域界限并降低了信息传播成本，网络社交环境的虚拟化改变了人与人之间的交往方式，新的媒介实践产生新的伦理问题。在新媒体时代，学者们尝试把研究视角转向社交媒体环境中的伦理及抉择问题，探讨媒介技术对跨文化报道伦理的影响，倡导建构跨文化的伦理

① L.Wilkins，R.Coleman，*The Moral Media：How Journalists Reason about Ethics*，Lawrence Erlbaum Associates，2004.

② L.Gasser，T.Malti，"Children's and Their Friends' Moral Reasoning：Relations with Aggressive Behavior"，*International Journal of Behavioral Development*.Vol.36，No.5，2012，pp.358-366.

③ O.Jose，"Stages of Moral Reasoning among University Students in Papua New Guinea"，*Journal of Human Values*，Vol.19，No.1，2013，pp.55-64.

④ C.O.Felix，A.H.B.Ahmad，R.B.Arshad，"Examining Ethical Reasoning and Transformational Leadership Style in Nigeria Public Sector"，*Sage Open*，Vol.6，No.2，2016，pp.1-7.

准则，更好地促进网络空间中的跨文化对话。[①]莱拉·多格鲁尔、斯文·乔克尔和尼古拉斯·D.鲍曼从跨文化视角对美国和德国老年人在虚拟世界中的伦理抉择行为进行探索，寻找不同道德基础的人群在虚拟环境中的伦理抉择行为之间的相关性。[②]卡特琳·加布里埃尔等人则关注社交媒体上网民行为所导致的道德情绪对个体伦理抉择能力的影响，通过对比网民在网络世界中所产生的道德情绪和真实生活中产生的道德情绪，寻求虚拟世界中伦理问题产生的成因以及解决途径。[③]

第六，从同质文化的伦理推理转向全球化、跨文化的伦理抉择探讨。随着全球化进程的深入，跨国、跨文化采访报道成为可能并逐渐常态化，新闻伦理冲突与伦理问题的跨文化性也日渐突出。当前学界对跨文化传播的伦理问题研究尚处在发展阶段，但有部分学者开始把新闻伦理抉择研究拓展到跨文化、全球化维度。作为媒介伦理研究的重要阵地，美国《大众传媒伦理》杂志于2003年举办了一期以"探索全球媒介伦理"为主题的专刊，标志着西方媒介伦理学从本土化到全球化和跨文化的正式转向。[④]

尽管国外学界就"是否存在适合全球新闻从业者的普遍道德标准"这一基本问题依旧存在争议，但在将近15年的探索当中，跨文化新闻报道的伦理问题及推理抉择研究无论是在实践层面还是理论建构层面均取得了一定进展。一方面学者面对本土新闻伦理规范与全球新闻伦理的冲突，通过分析具

---

① 王勇：《网络时代的匿名传播伦理和跨文化传播伦理——对"铜须事件"的传播学思考》，《东南传播》2007年第2期。

② L.Dogruel, S. Joeckel, N. D. Bowman, "Elderly People and Morality in Virtual worlds: A cross-cultural Analysis of Elderly People's morality in Interactive Media", *New Media & Society*, Vol. 15, No.2, 2013, pp.276-293.

③ K.Gabriels, K. Poels, J. Braeckman, "Morality and Involvement in Social Virtual worlds: The intensity of Moral Emotions in Response to virtual Versus Real Life Cheating", *New Media & Society*, Vol.16, No.3, 2014, pp.451-469.

④ 唐佳梅：《全球新闻伦理的跨文化问题与重构》，《暨南学报（哲学社会科学版）》，2016年第5期。

有争议性的跨文化报道伦理事件或对比分析区域性的伦理规范,来发掘新闻从业者遭遇伦理困境的深层原因,并试图从全球媒介伦理观的路径寻找新的方法,以此解决跨文化报道的伦理问题,如"和平新闻"以及"冲突敏感性新闻"等新的跨国报道模式的提出;另一方面,以克里斯琴斯和沃德为代表的学者们从哲学、伦理学视角出发,探讨具有普遍性的全球媒介伦理核心价值和准则,探讨构建全球媒介伦理的可能性。如克里斯琴斯和诺登斯特提出的"社会责任理论"①、沃德和沃瑟曼的"倾听伦理"②、南非学者提出的"仁慈"和印度的"非暴力"③等,认为这些可以作为全球媒介伦理的普遍原则,并以此指导跨文化报道的伦理问题。

三、新闻伦理推理抉择模式的建构与发展

作为伦理抉择工具和方法的研究,模式构建和完善具有重要的现实意义。国内引介最广泛的波特模式,又称为"波特图式"或"波特方格",通过定义事实、价值判断、诉诸伦理原则以及选择忠诚归属四个推理维度,为解决当时的社会伦理问题提供了一种思考路径。④ 1978 年,博克⑤在《说谎——公共生活与私人生活中的道德选择》一书中提出博克模式,为身陷"谎言"伦理困境的人提供行为抉择指南。⑥帕特森和威尔金斯在其著作《媒介伦理学:问题

---

① C.Christians,K.Nordenstreng,"Social Responsibility Worldwide",*Journal of Mass Media Ethics*,Vol.19,No.1,2004,pp.3-28.

② S.J.A.Ward,H.Wasserman,"Open Ethics",*Journalism Studies*,Vol.16,No.6,2015,pp.834-849.

③ S.Rao,H.Wasserman,"Global Media Ethics Revisited:A Post-colonial Critique",*Global Media Communication*,Vol.3,No.1,2007,pp.29-50.

④ R.B.Potter,*The Structure of Certain American Christian Responses to the Nuclear Dilemma 1958—1963*,Harvard University,1965.

⑤ 1989 年吉林科学技术出版社出版的《说谎——公共生活与私人生活中的道德选择》作者译名为"鲍克",2022 年该书于北京大学出版社出版,译名为"博克",本书统一译为"博克"。

⑥ [美]希赛拉·鲍克:《说谎——公共生活与私人生活中的道德选择》,张彤华、王立影译,吉林科学技术出版社 1989 年版。

与案例》中对该模式进行了详细介绍，博克模式开始被运用在媒介伦理问题的研究中。①

斯温通过比较不同伦理推理及抉择模式，指出波特模式存在局限性，并试图通过融合其他理论或模式来推导出适用性更广和更具现实意义的综合伦理抉择模式，将心理学家科尔伯格的道德认知发展理论作为伦理抉择过程中的价值判断和伦理原则是该模式的重要创新点，斯温认为原有模式只有跳出传统的伦理价值和原则，才能拓宽新闻从业者解决伦理困境的视角，帮助抉择者从不同维度思考问题，更好地培养伦理判断和抉择的素养及能力。②

基德在《道德高尚的人应该如何做出艰难选择》一书中为记者的伦理推理过程提供一系列的问题抉择指南（checkpoints），开创性地使用二分法将伦理问题划分为“伦理诱惑”（moral temptation）和“伦理困境”（moral dilemma），为伦理抉择研究提供一种新视角。③巴克在分析基德伦理抉择模式的基础上，对其问题指南进行调整补充，使得该模式在教学过程及伦理应用中更具适用性和广泛性。④从修正后的模式中可发现，除了对原有步骤进行调整外，巴克认为检验“伦理困境”部分还应考虑新闻组织机构的环境及职业道德规范等因素。

传媒研究组织波因特研究所（Poynter Institute）从事媒介伦理研究的埃利奥特指出，新闻职业责任是新闻从业者实践活动最重要准则。在埃利奥特看

---

① ［美］菲利普·帕特森、李·威尔金斯：《媒介伦理学：问题与案例》，李青藜译，中国人民大学出版社2006年版。

② K.A.Swain，“Beyond the Potter Box A Decision Model Based on Moral Development Theory”，*the Media Ethics Division of the Association for Education in Journalism and Mass Communication（AEJMC）Convention*，1994.

③ R.M.Kidder，*How Good People Make Tough Choices：Resolving the Dilemmas of Ethical Living*，New York：Morrow，1995.

④ S.Baker，“Applying Kidder's Ethical Decision-Making Checklist to Media Ethics”，*Journal of Mass Media Ethics*，Vol.12，No.4，1997，pp.197-210.

来，新闻伦理困境来自实践活动中的伦理情境与职业责任的冲突，她提出的系统伦理分析抉择法（Systematic Moral Analysis，简称SMA）认为当新闻从业者遭遇伦理困境时可通过确定伦理问题、判断利害关系以及做出抉择行为等步骤来解决问题。①与之类似，美国学者戴在《媒介传播伦理》一书中从波特模式的改良中得到启发，指出并丰富了SDA选择方程模式的内涵。从该模式的推理抉择步骤可知道，新闻从业者可通过情景定义（situation definition），情况分析（analysis of the situation）以及做出抉择（decision）三步法达到解决伦理困境的目的，为新闻从业者在困境中提供可操作化的程序和工具。②

除了从宏观、系统的角度为遭遇伦理困境的新闻从业者提供推理抉择模式之外，不少学者还意识到在新闻实践过程中，不同伦理困境呈现出不同特点（如常见的新闻伦理困境包括报道的客观性与记者个人立场、报道的公平性与报道偏向性、报道本群体与报道他者的态度偏向等），并根据实践经验、观察研究或实验等方法为特定的新闻报道活动提供有针对性的伦理推理抉择模式。波因特伦理研究所斯蒂尔等人通过归纳整理新闻报道活动产生的伦理问题并对其分类，为不同类型的伦理困境提供了具体的问题抉择清单（checklist），指引抉择者在不同伦理困境中有针对性地做出理性选择。③例如，在针对艾滋病的报道中，奇尔德斯通过对主流报纸及商业周刊进行内容分析发现，尽管记者对艾滋病报道较为客观，但对该群体仍缺乏伦理关怀。基于这些发现，奇尔德斯指出对于像艾滋病这类存在争议性的情况，记者在报道前应该考量三个问题：首先是报道词汇，特别是在导语中是否出现带有偏见或过分夸大的词语；其次是报道范围，报道是否有足够的说明性材料来解释事实；最后是报道

① E.Deni，D.Ozar，"An Explanation and a Method for the Ethics of Journalism"，*Journalism Ethics*，2010，pp.9-24.

② ［美］路易斯·阿尔文·戴：《媒介传播伦理：案例与争论》，北京大学出版社2004年版，第64—67页。

③ J.Black，B.Steele，R.Barney，*Doing Ethics in Journalism*（*2nd ed.*），Boston：Allyn & Bacon，1995.

中是否涉及隐私问题。通过三个方面的考量来审视和促进记者从更合乎伦理的态度去报道少数群体的新闻事件。①

第二节　新闻伦理推理抉择的主要模式

新闻伦理推理抉择模式的研究多起源于心理学及应用伦理学,学者们依据新闻实践活动出现的伦理问题,借鉴心理学或应用伦理学的分析对相关模式进行概念化并融合新闻学的价值理论,形成符合新闻从业者特点的伦理抉择模式。也有部分媒介伦理学者从实践观察出发,根据各类新闻实践的性质特点,为特定的、争议性较大的新闻报道所产生的伦理困境提供有针对性的伦理抉择模式。本节引介国外常用的五种新闻伦理推理抉择模式,梳理其发展历程,解释并分析这些模式的应用特点,为后续问题的展开和探讨提供理论基础和分析依据。

一、波特模式

(一) 波特模式简介

波特模式又称为“波特图式”或“波特方格”(如图6-1),起源于应用伦理学,由哈佛神学家拉尔夫·波特提出,该模式通过对定义事实、价值判断、应用伦理原则以及选择忠诚归属四个道德维度的考量,为解决当时的社会伦理问题提供了一种思考路径。②

尽管波特模式作为一种伦理思考模式被各界广泛运用,但迫于现实因素和条件限制,在实际应用过程中不少人在第二步骤就已经依据自身价值

① D.Childers,“Media Practices in AIDS Coverage and a Model for Ethical Reporting on AIDS Victims”,*Journal of Mass Media Ethics*,Vol.3,No.2,1988,pp.60-65.

② R.B.Potter,*The Structure of Certain American Christian Responses to the Nuclear Dilemma 1958—1963*,Harvard University,1965.

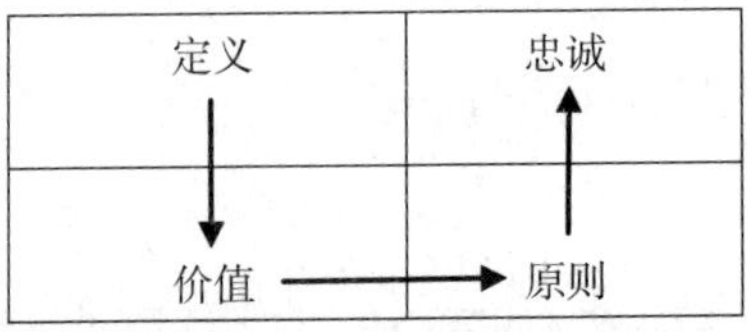

图 6-1　波特模式

判断作出了相应的抉择行为,割裂了四个步骤之间的相互联系,难以从全面的角度去审视伦理问题。为此,克里斯琴斯指出,波特模式是一种社会伦理的训练过程,每一个步骤都很重要,每一部分都不是随机相互独立的问题,而是一个相互联系的有机整体。①他把模式中的每一个"方块"比作一个圆,当抉择者每进行一部分推理时必须同时考虑到与其他三个部分的相互联系,并据此对波特模式作出了进一步的补充完善,使其成为一个更加有机循环的整体体系。

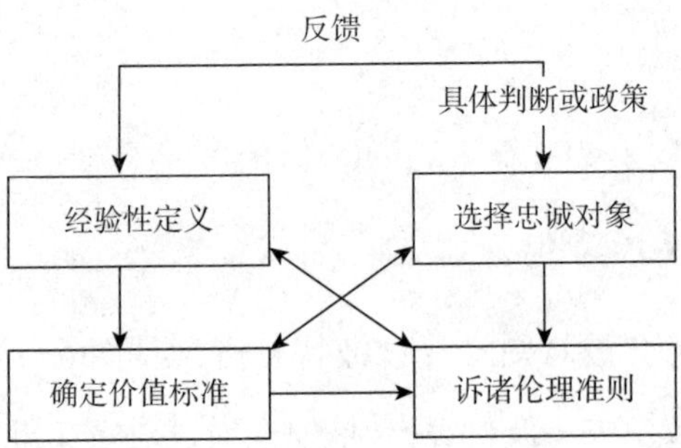

图 6-2　波特模式循环体系

(二) 波特模式抉择步骤

由克里斯琴斯完善后的波特模式各步骤之间的联系更为紧密,共同构成一个循环互动的抉择过程,使抉择者在一套完整的、系统化的操作体系中反复

① [美]克利福德·G·克里斯琴斯:《媒体的良心》,中国人民大学出版社 2014 年版,第 6—7 页。

进行推理分析，在一定程度上提升了他们的伦理抉择和伦理判断能力。

1. 第一步，经验性定义：运用可能的细节和证据还原伦理事件

运用波特模式进行推理分析，首先需要对已发生的事件有清楚的认识和判断，厘清事件的发展过程，包括发生的原因、经过以及结果，发生冲突的主要矛盾，事件涉及的各方以及所造成的后果和影响等。在波特看来，尽可能回忆对细节的描述有助于还原事件全貌，帮助抉择者更好地掌握事件，为后续步骤提供更充实的依据。具体表现在新闻伦理事件上，波特模式中的经验性定义需要新闻从业者对新闻事件报道的全过程、报道涉及对象、报道范围以及报道后果进行详细了解，更好地认识所产生的伦理问题。

2. 第二步，确定价值理念：对涉及相关的价值进行排序

在对伦理问题清晰了解后，模式第二步进入对相关价值理念的分析。这部分需要解决的问题是当抉择者面临伦理困境时受到哪些价值理念的影响？如何对相互冲突的价值进行排序？最终选择了哪些价值？通过分析一系列问题，可以了解抉择者在抉择过程中的心理变化以及价值选择标准。比如在灾难性报道过程中，在面对报道时效性和拯救伤者之间，在报道真相和避免遇难者家属受到二次伤害之间如何做出选择，分析新闻从业者所持的价值标准对抉择判断起到一定作用。

3. 第三步，诉诸伦理原则：为价值判断提供合理的伦理依据

作为波特模式最重要的一个步骤，诉诸伦理原则可以进一步为抉择者选择的价值理念作出合乎伦理道德的解释，并通过相应的伦理原则解决价值冲突等问题，研究抉择者的价值行为动机。在这一步骤，波特模式给抉择者提供了四种主要伦理原则，分别是亚里士多德的“中庸之道”、康德的“绝对命令”、密尔的“功利主义”以及罗尔斯的“无知之幕”，随着模式的进一步发展和完善，不少学者将更多的伦理原则纳入该模式框架中，如克里斯琴斯将“犹太教—基督教”伦理原则涵盖在修正后的模式中。

(1)亚里士多德的“中庸之道”:“道德上的美德是由实用智慧决定的中间状态”。

公元前4世纪,希腊哲学家亚里士多德师承柏拉图继承了四种美德,分别是节制、公正、勇气和智慧,其中节制是基础。在亚里士多德看来,节制就是要强调适度,主张在两种极端之间找到中间状态。公正是冷漠和沉浸于个人利益之间的状态,勇气是怯懦和蛮勇之间的状态,智慧则是谨慎和冲动之间的状态等。[①]在新闻报道领域中,中庸之道表现为在报道的两个极端之间寻找到中间状态,更为合理周全。比如对于青少年的负面报道,过多报道个人信息会影响青少年的成长,但完全不报则会影响新闻机构的专业度,在二者之间,中庸之道的处理办法就是在新闻报道的同时,注意青少年的身份信息保护,比如对面部进行打码,尽可能使用化名以及减少披露与案例无关的个人信息等。

(2)康德的“绝对命令”:“只依据那些你愿意其成为普遍法则的准则行为”。

康德提出的伦理原则“绝对命令”认为,只要一种原则对一个人来说是正确的,那么对其他所有人来说都是对的。换句话说,康德认为检验抉择者决定背后的原则是否正确,就要看他是否愿意普遍地用它来对待每一种事物。[②]“绝对”意味着没有条件、无情可原、没有例外,对的就是对的,道德上的正确没有例外,即使牺牲一切天生的意愿和社会认可的标准,也必须要遵守正确的律令。[③]在新闻业的报道上,应用“绝对命令”意味着新闻从业者必须坚守正确的道德律令,坚持维护新闻报道事实、揭示真相的使命。例如,说谎是错误的,那么新闻报道中的一切虚假信息、虚假事实都是不可原谅的,甚至即使为了救

① [美]克利福德·G·克里斯琴斯:《媒体的良心》,中国人民大学出版社2014年版,第11—12页。

② [美]克利福德·G·克里斯琴斯:《媒体的良心》,中国人民大学出版社2014年版,第12页。

③ [美]克利福德·G·克里斯琴斯:《媒体的良心》,中国人民大学出版社2014年版,第12—13页。

人而撒谎也是错误的。康德的“绝对律令”强调人的义务，即理性是客观存在的，必须坚定地遵循既定的道德律令来践行和维护理性，以达到最终的善。

(3)密尔的“功利主义”：“追求整个群体最大的幸福”。

现代功利主义来源于英国哲学家里米·边沁和约翰·斯图尔特·密尔，传统的功利主义认为快乐是最终的目的，因而主张幸福和快乐。而后世功利主义则进一步拓宽其内涵，认为快乐并不是唯一有价值的目标，选择正确与否要用最终创造的价值总量来衡量，而不是用唯一的快乐来定义。根据功利主义伦理原则的思路，抉择者在选择行为时必须要以最认真负责的方式考虑各种行为结果的可能性，追求最终结果的“幸福最大值”①。尽管功利主义成为传播范围广、认可程度高的伦理观，但现实应用过程中如何评估善的最大值或最终效果，如何区分个人利益和公共利益，公共利益是否等同于个人利益的总和等问题还有待商榷，因此应用该原则来指导伦理抉择也存在一定的模糊性。

(4)罗尔斯的“无知之幕”：“在没有社会差别的背景下协商时，正义自然呈现”。

约翰·罗尔斯在《正义论》中指出公平是正义概念中的最基本准则，因此他提出“无知之幕”，要求所有人在做出抉择的时候，从真实的状态回归到幕后，回归到没有角色之分、没有社会分层的“原始状态”。该理论认为，当所有人都处在幕后假想的平等条件下，共同商订社会契约，那弱者的权益必然会得到优先考虑，因而将抉择结果的风险降到最低。②罗尔斯的“无知之幕”是基于没有等级、没有身份地位的协商和讨论，与功利主义相反的是，“无知之幕”更偏向于保护受到伤害最大，承受风险最高的幕后者。应用该伦理原则需要注

① ［美］菲利普·帕特森、李·威尔金斯：《媒介伦理学：问题与案例》，李青藜译，中国人民大学出版社 2006 年版。

② ［美］克利福德·G·克里斯琴斯：《媒体的良心》，中国人民大学出版社 2014 年版，第 16 页。

意的是,一方面要保证个人基本自由平等的最佳制度;另一方面是在最有利于弱势群体的情况下,允许产品分配的不平等性。① “无知之幕”在新闻伦理的具体应用上,意味着不带偏见(或过度崇拜或过度歧视)地对待不同被报道对象。随着媒介伦理学者对波特模式的进一步研究,犹太-基督教的“爱的伦理”以及以南非哲学为代表的“关怀伦理”等相继纳入模式伦理原则的讨论,使伦理原则的视野更为广泛和深化,同时也进一步拓展了波特模式在其他情景领域的应用范围。

4. 第四步,选择忠诚对象:行为抉择最终决定要素

模式最后一步关乎抉择者的忠诚归属问题。不同价值准则以及伦理原则之间既有联系,又存在一定程度的相互冲突,往往使抉择者陷于两难境地。同样在一个伦理事件中,抉择者所忠诚和服务的对象不同也会产生不同的行为和结果,比如在新闻生产过程中,新闻从业者在面临报道困境时,是选择更加忠于媒介组织机构,读者,还是被报道对象的利益?选择不同忠诚归属对象会导致不同的行为效果,因此在波特模式的最后一步要求抉择者明确自己的服务对象和选择最终目标,清楚作出抉择后需要承担怎样的责任。

通过完成上述步骤,可进一步勾勒出抉择者遭遇伦理困境的全貌,指出伦理困境是什么,抉择者的最终行为依据什么价值标准,道德伦理上的依据是什么,是否符合道德要求,最终忠诚归属于哪一方以及造成什么样的后果,为抉择者提供一套相对全面的思考模式和路径。

(三) 波特模式的价值与局限

波特模式作为一种行为抉择模式理论被社会各界广泛运用,应用范围涉及商业伦理、医学伦理、媒介伦理甚至公共关系,对相关领域的学术研究和解决现实生活困境具有重要意义。在媒介伦理方面,引进波特模式作为媒介伦

① [美]克利福德·G·克里斯琴斯:《媒体的良心》,中国人民大学出版社 2014 年版,第17页。

理事件的分析方法，推动了新闻伦理研究，提供了一种新的研究视角以及方法路径。

首先，波特模式创新了国内新闻伦理研究的范式，提升了学科研究的广度和深度。《2008年新闻伦理与职业道德研究综述》指出，针对新闻失实的具体案例，有研究对2001年至2006年评选出来的假新闻事件进行文本分析，分析其成因，并在此基础上对假新闻治理提出相关对策；[①]无独有偶，2010年媒介伦理研究相关的综述中依然有不少学者针对伦理失范事件进行不同层次、不同角度的分析与阐释，同时制定和完善新闻伦理与道德相关的措施并就此提出一些规范性的建议。[②]从历年相关研究中可发现，关于新闻伦理失范、伦理问题在方法论上的研究往往遵循“问题—原因—对策”的研究模式，限制了新闻伦理探讨的进一步发展。波特模式的引入从应用伦理学视角出发，对新闻伦理问题的分析和解决提供了另一种路径，通过对价值判断，伦理原则选取，从更深的道德层面去探讨发生在新闻从业者中的伦理问题，为抉择者提供道德层面上合理的抉择方案，而不仅仅停留在对问题的分析、原因的探讨以及对策建议层面。

其次，波特模式有利于完善伦理规范标准，指导新闻从业者应对伦理困境。新闻伦理规范来源于新闻生产实践，针对新闻采访报道中所遇到的问题总结归类并形成一定的规章制度来指导新闻从业者进行相关活动。然而伦理规范的制定和出现具有滞后性，有时无法为新出现的伦理问题提供合理的解决办法；此外，不同区域、不同民族乃至不同文化群体间存在一定的实践差异，因而伦理规范也无法从根本上穷尽所有伦理问题。波特模式作为新闻伦理学的一种研究方法，可通过对以往新闻伦理事件进行分析，通过模式的四个步骤了解抉择者在具体情景境遇中所遭遇的伦理事件、首选的价值取向，符合的伦理原则以及选择最终的忠诚归属对象。新闻从业者和组织机构可以进一步总

① 赵凯、陶文静：《2008年新闻伦理与职业道德研究综述》，《新闻记者》2009年第6期。

② 杨静：《2010年新闻伦理研究综述》，《新闻天地（下半月刊）》2011年第5期。

结并归纳伦理困境的类型、价值准则的选取、涉及的伦理原则以及造成的后果,在此基础上对现有伦理规范进行修补、调整及完善,更好地指导新闻从业者的实践活动。

再次,作为一种伦理训练的思考模式,波特模式能提高抉择者的伦理敏感性和伦理判断能力。亚里士多德认为,“道德美德是一种在推理基础上做出选择的习惯。正是通过不断的推理,我们学习如何变得富有美德”。[①]新闻伦理蕴含在新闻从业者以及新闻专业学生的日常实践过程中,对伦理规范的知晓、理解和践行是职业素养的重要体现。但现实生活中,新闻伦理失范现象频发,新闻从业者在实际采访报道中遭遇更为严峻的挑战,因此加强行业人员对职业伦理的理性思考,提高其伦理判断和伦理抉择的能力应成为当下的重点举措。通过波特模式四个维度的考量,可以在反复训练和分析过程中提升新闻从业者和新闻专业学生的思考分析能力和伦理价值判断能力,进而为其作出合理的伦理抉择提供坚实的基础。

尽管波特模式的学术价值和应用价值得到社会各界的肯定,但在实际操作过程中也遭到一些质疑。一方面,波特模式抉择过程中所涉及的价值判断和伦理原则过于抽象,一般的新闻从业者或者没有接受过相关教育的相关人员无法真正从该模式中寻求到解决困境的可操作方法和路径;另一方面,波特模式中所用的伦理原则以西方伦理价值观念为主导,缺失了跨文化维度的考量,将该模式应用在非西方国家新闻伦理事件的推理分析上,其跨文化的适用性受到质疑。

二、博克模式

(一)博克模式简介

1978 年,希赛拉 · 博克在《说谎——公共生活与私人生活中的道德选择》

① 甘丽华、[美]克利福德 · 克里斯琴斯:《全球媒介伦理及技术化时代的挑战——克利福德 · 克里斯琴斯学术访谈》,《新闻记者》2015 年第 7 期。

一书中提出伦理抉择框架博克模式，为身陷“谎言”伦理困境的人提供抉择指南（如表6-1）。[①]帕特森和威尔金斯在其著作《媒介伦理学：问题与案例》中对该模式进行了详细介绍，博克模式被广泛运用在媒介伦理研究中。[②]

表6-1　博克模式

前　提
1. 对抉择者报以同情　　2. 维持社会的基本信任
步　骤
1. 拷问自己的良心（清楚什么情况是正确的） 2. 寻求变通的法则（询问相关专家建议或第三种解决方法） 3. 进行伦理对话（组织一场公开性的讨论）

（二）博克模式抉择步骤

博克认为，在对抉择者报以同情心和维护社会基本信任这两大前提下，抉择者可以通过以下三步来厘清伦理问题的矛盾并达到解决伦理问题的目的。首先是对自己的良心进行拷问，认清什么是正确行为；其次是寻求变通的法则，当抉择者无法认清事实或正确行为时可以寻求专家学者或相关专业领域的人士等第三方渠道共同协助解决问题；最后是进行伦理对话，开放性的讨论可以让利益相关者更充分地表达诉求，为抉择行为提供依据。值得注意的是，运用博克模式来解决伦理困境必须完成以上三大步骤，否则会因为思考不全面而导致作出不成熟的选择行为。[③]

---

① ［美］希赛拉·鲍克：《说谎——公共生活与私人生活中的道德选择》，张彤华、王立影译，吉林科学技术出版社1989年版。

② ［美］菲利普·帕特森、李·威尔金斯：《媒介伦理学：问题与案例》，李青藜译，中国人民大学出版社2006年版。

③ 李晓：《博克模式的再认识——以菲律宾人质事件报道为例》，《东南传播》2012年第1期。

（三）博克模式的价值及局限

作为一种比较成熟的伦理推理模式，博克模式同样为分析新闻伦理事件提供了一种新的方法和路径，拓宽了研究视野。该模式第二步有利于抉择者充分借助外部力量或通过加强外部联系，弥补自身经验或阅历不足，实现抉择方法的多样性。此外，开放性的伦理对话涉及事实、价值、伦理原则以及忠诚等，能够锻炼和提升抉择者的分析能力。从博克模式整个推理过程来看，具有如下价值意义。

首先，博克模式关注抉择者的个人层面，强调抉择者的心理因素。模式的前提是关注抉择者个人层面因素，对抉择者报以同情心，以抉择者的立场去思考问题，可以对抉择行为进行更为全面的现实观照，充分理解抉择者做出行为时的情景因素和动因。同时，模式的第一步也需要抉择者个人对良心的拷问，认清事实概况，确认什么样的行为是正确的，怎样做才能避免良心谴责。模式一开始从个体层面出发，使抉择者对伦理困境有自我认识，有利于从根本上解决困境。

其次，博克模式涉及的学科、知识广博，具有一定学术研究价值。博克模式第一步要求抉择者关注自己的内心，通过对良心的拷问，判断并选取正确的价值原则，但良心的定义、标准受到情景等外部条件的制约，需要从心理学层面去考量；在第三步开放性的伦理对话中，需要所有利益相关者阐明处境，表明什么样的抉择行为对自身有益，且给出自己的想法和建议，这中间涉及对事实的判断，伦理原则的选取需要在此基础上进一步明确以及深入研究。因而，对博克模式的实践应用还有待深入认识和挖掘。

博克模式在分析具有欺骗性质的伦理事件上具有一定的讨论价值和意义，但在新闻伦理学的应用上却远不及波特模式普遍。菲利普·帕特森和李·威尔金斯在其书中也指出，通过博克模式中的模拟公开讨论可以得到一个伦理选择的理性依据，但在现实生活中，人们在作出抉择时难以穷尽利益相关者的意见,也不可能模拟整个伦理对话过程,它仅在事实层面的基础上,为抉择者提供更深一层伦理思考的空间;①其次,博克模式认为成熟的抉择行为必须建立在所有步骤完成的基础上,这似乎比较理想化。对于普通人而言,由于个体认知水平以及经历差异等因素,一般在拷问良心后便会不假思索地做出选择,使该模式的理论意义大于实践指导作用。

三、系统伦理分析抉择法

(一) 系统伦理分析抉择法简介

2010 年,波因特研究所从事媒介伦理研究的埃利奥特和奥扎尔基于西方道德传统和自身的研究成果提出了系统伦理分析抉择法(Systematic Moral Analysis,简称 SMA),为身陷伦理困境的新闻从业者提供一种思考模式。②在埃利奥特和奥扎尔看来,新闻职业责任是新闻从业者从事实践生产活动最重要的准则,而新闻伦理困境主要来自实践活动中遇到的伦理情境与职业责任的冲突。基于对新闻从业者的实践和日常活动考察,埃利奥特和奥扎尔指出优秀的新闻从业者应具备以下四种核心职业素养,分别是报道有用的信息、传递社会愿景、监督社会以及服务社区。从新闻从业者的核心素养出发,埃利奥特和奥扎尔认为当记者遇到伦理挑战时可以从中寻找抉择依据。

(二) 系统伦理分析抉择法的步骤

埃利奥特和奥扎尔所提出的系统伦理分析抉择法主要包括两大步骤(如表 6-2 所示),第一步是确定伦理困境并依据新闻从业者的核心素养来分析其抉择过程和抉择行为是否具有正当性,是否会对他者造成一定的伤害;第二

---

① [美]菲利普·帕特森、李·威尔金斯:《媒介伦理学:问题与案例》,李青藜译,中国人民大学出版社 2006 年版。

② E.Deni,D.Ozar,"An Explanation and a Method for the Ethics of Journalism",*Journalism Ethics*,2010,pp.9-24.

步主要提出抉择行为所导致的四种后果。与其他伦理抉择模式不一样的是，系统伦理分析抉择法创新性地提出了抉择者行为可能导致的四种后果，使行为抉择结果更具指向性。

系统伦理分析抉择法的第一步要求清楚地定义新闻从业者或媒介机构遭遇的伦理困境，并通过对相关问题的思考来分析困境所带来的影响。在构建者看来，定义困境不仅仅是在自己的思考下进行，还可以运用个人的道德想象力及请求别人协助还原案例等方法，尽可能明确困境的每一个细节。其次，系统伦理分析抉择法的最终目标是落到抉择结果的分析上，因此在第二大步骤中，埃利奥特和奥扎尔指出抉择行为可能导致的四种结果，并让抉择者从中找到符合自身抉择的方向。尽管该模式并没有明确指导抉择者作出何种抉择行为，但通过对四种潜在结果分析，抉择者理应明确哪种抉择更符合伦理要求。

表 6-2　系统伦理分析抉择法

步骤一：定义困境
1. 行为本身是否涉及一种或多种记者专业角色？ a.是否为公众服务？ b.是否涉及新闻职业的核心价值？ c.是否促进了记者与受众之间的合作关系？ 2. 该行为是否会造成潜在的情感、身体、经济和声誉伤害？ 3. 造成的伤害是正当的吗？ a.行为是否公正对待每一位利益相关者？ b.行为是否达到利益的最大化？ c.拥有高尚职业道德的人会怎么做？ d.在这种情况下，每个人都能得到他或她所需要的东西吗？
步骤二：回应上述问题，并将行为选择的结果归类
1. 道德禁止 2. 道德要求 3. 道德许可 4. 道德理想

（三）系统伦理分析抉择法的价值与局限

系统伦理分析抉择法始终围绕新闻从业者的职业核心价值进行推理和判

断。该模式把新闻从业者的职业核心价值作为抉择的主要依据，把抽象的伦理原则形成具体的问题指南。抉择者面临伦理困境时可以运用这些问题指南进行思考，并将分析得出的结果进行归类，以证明行为选择在道德上的合理性，为后续的选择判断提供一种明确的方向。该模式的构建具有如下意义。

首先，系统伦理分析抉择法为新闻从业者提供一套符合自身专业特点的伦理抉择思考模式。从具体的推理过程可以看出，该模式重点在于思考分析过程，遭遇伦理困境的新闻从业者通过对模式中问题指南的回应可以清晰了解自身抉择行为的后果及影响，更好地指导后续的实践。对于构建者而言，系统伦理抉择分析法并不是一种精确计算结果的方法，其最终目的是让抉择者通过推理自行抉择并解决困境，它并不能判断最终的结果是好或坏，是正确抑或错误，而是给抉择者提供一种理性思考的工具和方法，在伦理推理过程中提高伦理抉择的素养与能力。[①]

其次，该模式推理步骤简化，聚焦问题，有助于抉择者进行实践操作和思考。与其他模式不一样的是，系统伦理分析抉择法的推理过程虽然仅有两个步骤，却将以往模式中的元素融合在分析过程中，比如在第一步骤中便融合了新闻从业者的职业价值元素以及伦理学中的伦理原则等。此外，模式的第二步创新地把行为抉择导致的结果分为四类，一方面可以帮助新闻从业者分析以往行为抉择的合理性问题，另一方面有利于抉择者明确自身抉择所导致的后果，促使其在不断思考中做出合乎道德的行为选择。

该模式给新闻从业者提供了一种合乎职业道德理性的思考模式，在不断分析的过程中提高新闻从业者的职业素养。但是模式的关键问题在于行为选择的分析过程缺乏对现实生活实践的行为指南，因而该模式更适合于新闻伦理事件的分析，通过对以往具有争议性的新闻伦理事件进行分析和验证，给新闻从业者或新闻机构提供一种借鉴。

---

① E. Deni, D. Ozar, "An Explanation and a Method for the Ethics of Journalism", *Journalism Ethics*, 2010, pp.9–24.

四、基德伦理抉择模式

(一) 基德伦理抉择模式简介

美国伦理学家拉什沃思·基德在《道德高尚的人应该如何做出艰难选择》一书中为记者的伦理抉择过程提供了一系列的问题指南(checkpoints),[①]开创性地使用二分法将伦理问题划分为"伦理诱惑"(moral temptation)和"伦理困境"(moral dilemma),为伦理抉择研究提供了一种新视角。基德的伦理抉择模式分为九个步骤,他指出如果新闻从业者遇到的伦理抉择难题具有对错之分,那只能算是"伦理诱惑"而非"伦理困境",进行推理抉择不必要且没有价值;只有当遇到的问题抉择难以分辨对与错时,才能称为"伦理困境",推理才具有价值。这种情况下,可以通过运用相应的伦理价值或原则、寻求折中办法、做出抉择以及在最后一步重新审视并思考自身决策,构成伦理抉择的循环模式。

杨百翰大学的巴克在分析基德伦理抉择模式的基础上,对其问题抉择指南进行调整补充,使该模式在教学过程及伦理应用中更具适用性。[②] 从修正后的模式可发现,除了对原有步骤进行调整外,巴克认为检验"伦理困境"部分除了考虑传统四种困境范式外,还需考量新闻组织机构的环境及职业道德规范等制约因素。此外,在运用伦理价值和原则去解决困境时,引入更多伦理理论、职业价值理论和相关专业理论,可为抉择者提供更广阔的思考空间,有助于做出更理性的伦理抉择。

(二) 基德伦理抉择模式的步骤

基德伦理抉择模式为抉择者提供了广泛的问题指南,对该模式的应用和

① R.M.Kidder, *How Good People Make Tough Choices: Resolving the Dilemmas of Ethical Living*, New York: Morrow, 1995.

② S.Baker, "Applying Kidder's Ethical Decision-Making Checklist to Media Ethics", *Journal of Mass Media Ethics*, Vol.12, No.4, 1997, pp.197-210.

推理,能使抉择者厘清伦理困境状况和伦理价值,提升抉择过程中的伦理敏感性,并在反复的推理分析中验证和审视抉择行为的后果,完善抉择的标准。基德伦理抉择模式具体步骤如下。

表 6-3　基德伦理抉择模式

1. 确定伦理问题	
2. 确定行为主体	
3. 收集相关事实	
4. 进行"对—错"测试	
合法性测试 直觉反应测试 头版效应测试 模范效应测试	这是合法的吗? 这符合我的道德原则吗? 如果我的行为将会被刊登到明天的头版头条,还坚持做吗? 假如我是个道德高尚的人,我还会这样做吗?
假如以上四个测试中其中一个回答是"否"的话,那可以确定该问题只是"伦理诱惑",可结束推理,如果回答全都是"是",则确定该问题是"伦理困境",继续以下推理步骤。	
5. 进行"对—对"测试 真实 VS 忠诚 个人 VS 集体 短期后果 VS 长期后果 公平 VS 同情	
6. 应用伦理原则 底线伦理原则 规则伦理原则 关怀伦理原则	
7. 寻求第三方解决办法	
8. 作出抉择	
9. 重新审视并思考决策	

第一步:确认伦理问题的存在。在开始处理困境之前,抉择者对伦理事件的各个维度进行思考非常重要。因而在模式的开始,基德着重强调抉择者的伦理洞察力,通过从事件或者行为的各方面拷问,更为全面地认清困境类型。

第二步:确定行为主体。这部分要求抉择者区分实施道德的行为主体,通过一系列的拷问如“谁该为这一事件负责?”“我能有能力处理该困境吗?”“是一个人负责还是哪几个人负责?”“每个人对该事件所承担的责任又有什么不同?”等问题,了解各行为主体的责任,确定谁最适合处理该事件。

第三步:收集事实相关信息。正如波特模式第一个方格“定义事实”所要求的一样,抉择者厘清事件的来龙去脉,就必须了解事件所涉及的人和事,在综合内部和外部因素基础上阐述整个伦理事件发生的过程。收集相关事件信息这一步骤看似冗余,却能防止因抉择者主观经验判断或自身偏见而对伦理困境的定义有所偏颇。

第四步:进行“对—错”测试。基德认为,伦理问题可以分为两种,那些处在“好”和“正确”之间两难的抉择行为,可以归属于“对—对”事件,也就是“伦理困境”;而那些处在“对”和“错”之间的选择行为,则是属于“对—错”事件范畴之内,只能是“伦理诱惑”。基德通过设计“合法性测试”“直觉反应测试”“头版效应测试”以及“模范效应测试”四种实验帮助抉择者识别“伦理困境”和“伦理诱惑”。

第五步:“对—对”类型测试。在“对—对”类型测试中,基德从伦理学的角度提出了四种最具代表性的伦理困境类型,分别是“真实—忠诚”“个人—集体”“短期后果—长期后果”以及“公平—同情”之间的抉择问题。具体表现在新闻职业伦理的困境上,“真实—忠诚”侧重在新闻从业者的公共关系层面上;“个人—集体”则主要表现在记者的个体利益和集体权益上;“短期后果—长期后果”侧重于媒介机构的商业运作上;而“公平—同情”具体表现在记者的职业核心价值和报道对象的权益上。①与波特模式第二步骤不同的是,虽然同为伦理价值层面的探讨,但基德却把相互冲突的伦理价值概念化和具体化,让讨论更有效果和针对性。

第六步:应用伦理原则。困境一旦被完全定义后,应用相应伦理原则可以

① R.M.Kidder, *How Good People Make Tough Choices*: *Resolving the Dilemmas of Ethical Living*, New York: Morrow, 1995.

有效分析并解决问题。基德吸收了经典伦理学的思想，把功利主义阐述为底线伦理原则，把康德的义务伦理思想阐述为规则伦理原则，把“犹太—基督”或“黄金法则”阐述为关怀伦理原则。他指出，运用伦理原则的最终目标并不是证明哪一种原则最好，而是通过应用最适合的原则来解释和解决伦理事件，使整个推理关系更加紧密和具有说服力。

第七步：寻找第三方解决办法。这一步骤要求抉择者超越现有伦理原则，从多种角度多方面去寻找伦理困境的解决办法。正如基德指出，这一步骤的目的是更容易地解决困境，作出抉择，因而这一步骤可以在模式过程中的任意一个节点出现而不必遵循严格的程序。

第八步：作出抉择。大多数时候，抉择者往往容易忽视最后的抉择行为。基德认为，模式的关键其实就在于作出抉择的一瞬，它关注个体的内心活动，这是区分人和其他动物最重要的因素。

第九步：重新审视抉择行为及其带来的影响。基德伦理抉择模式最后一步要求抉择者重新返回整个抉择模式的开端，再次推理以对整个过程进行更深入的反思。

（三）基德伦理抉择模式的价值和局限

从上述推理过程中可以发现，基德伦理抉择模式最重要的贡献在于对伦理问题的区分，使伦理困境的定义更为清晰和明确，减少后续推理步骤中不必要的麻烦。具体而全面的问题抉择指南为抉择者提供思考的方向，具有较强的现实意义。此外，模式构建的步骤和操作过程具有一定的灵活性，正如基德在推理模式的第七步讲到，寻找第三方的解决办法这一举措是为了优化整个问题解决的方案，因而这一步骤可以放置到模式前或者模式中，这也为巴克的进一步研究提供了理论依据，使模式广泛适用于新闻伦理教学案例分析以及问题解决各层面。基德伦理抉择模式具有如下价值意义。

首先，全面具体的问题指南和详细的操作步骤，使伦理抉择过程更具现实操作意义。基德伦理抉择模式的九大步骤呈现出一个完整的思考行动过程，大部分步骤中的问题指南则为抉择者提供思考方向，通过自省式的回答，在一定程度上提升个人的伦理思考能力。其中在步骤四和步骤五中对伦理问题区分的层面上，基德更是引入心理学的实验测试法和传统伦理困境的四种常见范式，将抽象问题具体化，降低抉择模式的难度，使其适应范围更广。

其次，构建循环推理抉择模式，促使推理过程不断完善，思考不断深入，强化对伦理问题的认识。克里斯琴斯曾指出，波特四个方格之间不是相互独立的关系，而是相互影响，并受到内外因素的共同制约，构成一个模式循环体系。①与此相类似的是，基德伦理抉择模式的最后一步强调重新审视并返回模式的开始或某一步骤进行检验，从全局视角重新审视这一抉择行为以及抉择后果的影响，在新一轮推理过程中由于情景因素、事实信息量以及个人心理因素等差异，会对抉择行为有更深入的见解和体会。因而尽管模式最后一步返回开端重新推理看似冗余，却能使整个模式的价值得到提升，表明其关注的不仅是当前问题的分析和判断，个人伦理思考能力的锻炼，更重要的是在反复实践过程中为伦理问题提供一套解决方案。

然而，正如巴克在其后对基德伦理抉择模式修正的时候提到，根据人们自然地分析伦理事件的逻辑，确定道德行为主体之前更多的是对事件相关信息的收集，所以将原本模式中的步骤二和步骤三调整顺序可能更符合抉择者分析事件的逻辑。②此外，在“对—对”测试实验中，根据新闻伦理问题产生的特点，融合更多职业角色价值理念、职业责任等元素能够更清晰地反映伦理冲突矛盾点，反映问题所在。

最后，模式的第九步仅局限于关注抉择者个体伦理推理能力的训练，缺乏对组织和社会的整体关照。新闻组织机构应在模式推理抉择的基础上进行总

① [美]克利福德·G·克里斯琴斯:《媒体的良心》,中国人民大学出版社 2014 年版。

② B.Sherry,“Applying Kidder's Ethical Decision-Making Checklist to Media Ethics”,*Journal of Mass Media Ethics*,Vol.12,No.4,1997,pp.197-210.

结归纳,提炼相关的核心要素,并形成指导新闻机构应对伦理困境的抉择指南。

五、综合伦理抉择模式

(一) 综合伦理抉择模式简介

1994 年,美国学者克里斯汀·艾利·斯温在新闻与教育大众传播学会媒介伦理分会上通过比较不同伦理抉择模式,指出波特模式存在局限性,并试图通过融合其他理论或模式推导适用性更广和更具现实意义的综合伦理抉择模式。①将心理学家劳伦斯·科尔伯格的道德认知发展理论作为伦理抉择过程中的价值判断和伦理原则是该模式的重要创新之一,斯温认为抉择模式应该跳出传统应用伦理学的伦理原则,才能为抉择者提供对待困境的不同视角,帮助抉择者从不同维度思考问题,更好地培养其伦理判断和抉择的素养及能力。

(二) 综合伦理抉择模式的步骤

斯温综合伦理抉择模式共包含七大步骤,模式中的每个步骤都有相应的小测试来辅助抉择者进行思考及抉择判断,尤其在步骤四"应用道德认知发展理论"中,模式的构建者依据该理论的六个阶段分别设置了不同水平的测试,为抉择者提供更为客观的判断方针,在一定程度上提升抉择的客观性和合理性。

第一步:确定伦理困境。在该步骤中,斯温首先要求抉择者认清其面对的是一个伦理问题还是伦理困境。此外,在确定困境后抉择者需要进一步思考,是否可以尝试寻找第三方协助自己作出决定? 是否对伦理困境已有足够全面的了解,包括细节方面? 比如当陷入未成年人的负面报道困境中,在事件严重

① K.A.Swain,"Beyond the Potter Box A Decision Model Based on Moral Development Theory", *The Media Ethics Division of the Association for Education in Journalism and Mass Communication (AEJMC) Convention*, 1994.

程度没有触及法律层面时,记者需在报道和保护未成年人的权益之间进行考量,是否可以通过相关专家来协助做出决定?这一步通过一系列问题对伦理困境进行全面关照。

第二步:确定利益相关者。在模式的第二步中,构建者认为厘清利益相关者是很多职业伦理困境的核心部分。罗尔斯曾提出一个三级模型来指导他人在困境抉择中厘清利益相关的主体。首先,他要求抉择者尽可能地把涉及困境的人列出来;其次,根据罗尔斯"无知之幕"的原则去思考每个利益相关者的行为、动机以及后果;最后,模拟不同利益相关者的立场进行辩论,而最佳的结果是不同利益相关者达成一致意见。罗尔斯认为,强调不同利益相关者有利于抉择结果的公平性。①

第三步:建立问责机制。斯温认为,每个人在遭遇伦理困境时更加侧重于从自身的底线伦理去作出选择,但使用底线伦理原则去抉择并非依靠主观直觉,而是需要考虑包括利益相关者的显见利益、潜在利益和各自所要表达的意见等问题。此步骤建立的责任机制并非现实存在的规章条件,而是评估抉择后果的风险与应对机制。责任机制的建立有效避免了抉择者的主观臆断和凭直觉做决定的弊端,并促进责任相关者的信息反馈和监督。

第四步:应用道德认知发展理论。该步骤是综合伦理抉择模式的核心,将心理学家科尔伯格的"道德认知发展理论"中的六个层次作为解决伦理问题的原则,帮助抉择者从低水平的道德层次逐渐往高水平的道德层次寻求价值依据。科尔伯格的道德认知发展理论将道德认知水平分为三种水平六个层次,从个人、组织到社会(普世),每种水平分为两个层次。斯温通过设置一系列抉择指南来指引抉择者进行检验,从前因循水平(个人水平)逐步向后因循水平(社会水平)六个阶段递进,每个阶段均设置"退出"的选择机制。她认为如果抉择者能从前因循层次找到解决困境的依据,那么就可以直接跳到第五

---

① J.Rawls,*Liberty,Equality,and Law:Selected Tanner Lectures*,Salt Lake City:University of Utah Press,1987.

个步骤对比备选方案的优劣，这在一定程度上降低了推理过程中的抽象性和选择难度。

第五步：对比抉择方案。模式的构建有利于身陷两难甚至是三难困境的解决，因此通过对比不同的解决办法可以优化抉择中的原则应用。在这一步骤中，斯温给遭遇伦理困境的新闻工作者提出了选择对比方案的四步法则：首先，询问假如每个人在类似的困境中选择这个方案，正义会得到伸张吗？其次，拷问内心，如果这个方案仅会影响到自己一个人，你还会坚持这样的方案吗？再次，思考方案是否建立在对每个人的关心、同情以及将伤害减少到最低程度基础之上？最后，对方案进行反思，如果坚持这样的做法会不会使个人或是组织没有履行相应的义务？通过对上述这些步骤进行思索，对比选择出对每个利益相关者都比较公平的最佳方案。

第六步：作出抉择。一旦选出最佳的方案，抉择者需要依据方案作出相应行动。此步骤需要注意的是抉择过程中可能出现的具体问题以及意料之外的结果，抉择者应尽量准备问题发生的应对方法以及补救措施。

第七步：形成规章制度。在整个抉择过程结束后，抉择者或者其组织机构应及时评估抉择效果，厘清抉择过程中的各种影响因素并对现实情况作出相应补充，形成一种可执行的条例，帮助解决组织或个人在将来遇到类似的伦理困境。简言之，该综合模型关注的不仅是个体伦理推理的能力，还包括对媒体组织机构的现实关照。综合伦理抉择模式的最后一步强调记录伦理抉择的结果和影响，积累经验并形成一定的规章制度，为组织或他人在遭遇同样困境时提供相关参考。

表 6-4　综合伦理抉择模式

1. 确认伦理困境
2. 确定利益相关者
3. 建立问责机制

续表

4. 应用道德认知发展理论 前因循水平 避免惩罚 确定忠诚与公平 因循水平 人际协调 评估行为与组织的效益 后因循水平 成本效益分析 普遍化并遵循关怀伦理原则
5. 对比抉择方案
6. 作出抉择
7. 形成制度

（三）综合伦理抉择模式的价值及局限

在以往学者对伦理抉择模式研究的基础上，斯温认为综合伦理抉择模式能为解决伦理困境提供一种系统的、一致的以及合理的方法体系，符合新闻机构的长期利益。其中建立问责机制、形成规章制度等步骤有利于给抉择者和组织机构明确、清晰的思考方向或者行动标准，使抉择后果符合伦理道德正当性。

首先，综合性、跨学科的研究方法为伦理抉择研究提供了新的视野。新闻伦理抉择模式的研究离不开个体的道德认知，将心理学研究方法和理论融入抉择过程，从个体心理层面上进行关注，挖掘并发现影响伦理抉择的个体心理因素，为模式的完善提供进一步探讨空间。步骤四中将科尔伯格的“道德认知发展理论”作为抉择的伦理价值和伦理原则，为抉择行为提供了心理学依据。此外，正如概述中所提到的，综合伦理抉择模式每一步骤都相应地设计了一些小测试，使整个推理抉择过程具有心理学理论基础。

其次，强调对组织的现实关照，形成并制定相应的伦理抉择规制。与其他抉择模式不同的是，综合伦理抉择模式最后一步要求组织或机构做好对抉择结果的记录，并形成一定的经验，用以应对后续同样的伦理困境。正如斯温认为，综合伦理抉择模式的最终价值是为特定的新闻机构开发并建立一个系统抉择的过程，帮助记者评估自身伦理抉择行为的合理性。因而模式最重要的部分在于制定具体的伦理抉择发展战略，降低未来可遇性困境的风险。随着时间推移，应用综合伦理抉择模式进行推理和分析将更为完善地解决伦理问题，成熟的伦理抉择模式能够帮助记者妥善处理各种问题，解释并澄清其行为的道德合理性，进而为从业者自身、为新闻机构建立权威形象。①

尽管综合伦理抉择模式对新闻从业者和新闻组织机构有一定意义，但也正因为过于强调组织机构而忽略了对个体行为抉择的深入考虑，整个模式始终按照一定的推理程序进行，模式之间的步骤只存在单向的顺序关系而缺乏循环互动的联系，使得熟悉模式的抉择者容易陷入僵化的思维模式，难以起到真正的思考训练作用。此外，循环互动模式的缺乏让抉择者无法重新审视抉择行为的后果，限制了抉择者或新闻组织机构对伦理困境认识的进一步深化。

尽管新闻伦理抉择模式的研究为遭遇伦理困境的新闻从业者在实践中提供了工具和方法，但学界对该领域的研究成果比较匮乏。通过对模式的梳理发现，不管是系统伦理分析抉择法，还是综合伦理推理模式，都始终围绕着事实元素、价值元素、原则元素以及行为元素这四个方面不断深化及细化，降低模式抽象性，明确抉择过程的具体步骤，因而对伦理抉择模式的研究逐渐趋向于应用层面。但模式最关键的部分在于运用伦理原则去分析和解决问题，不同的伦理价值及伦理原则会推导出不同的抉择结果。新闻伦理推理抉择模式仅是一种思维行动指南，并非要指导抉择者做出好或坏、对或错的决定，而是帮助其探寻行为选择在道德伦理上的合理性。

---

① K.A.Swain, "Beyond the Potter Box A Decision Model Based on Moral Development Theory", *The Media Ethics Division of the Association for Education in Journalism and Mass Communication* (*AEJMC*) *Convention*, 1994.

第三节 新闻伦理推理抉择模式的对比分析

一、五种模式原理步骤综合比较

基于对以上五种抉择模式的梳理发现,尽管不同模式所要解决的问题侧重点不同,但步骤和推理过程却有相似性,对其各自基本内容进行对比分析如下表所示。

表 6-5 五种伦理推理抉择模式比较分析

名称	模式创建者	提出时间	基本内容
波特模式	拉尔夫·波特	1965 年	1. 定义事实 2. 价值判断 3. 应用伦理原则 4. 选择忠诚对象
博克模式	希赛拉·博克	1978 年	1. 拷问良知 2. 寻求变通法则 3. 进行伦理对话
综合伦理抉择模式	克里斯汀·艾利·斯温	1994 年	1. 确认伦理困境 2. 确定利益相关者 3. 建立问责机制 4. 应用道德认知发展理论 5. 对比备选方案 6. 执行决策 7. 制定政策
基德伦理抉择模式	拉什沃思·基德	1995 年	1. 确定伦理问题 2. 确定行为主体 3. 收集相关事实 4. 进行“对—错”测试 5. 进行“对—对”测试 6. 应用伦理原则 7. 寻求第三方解决办法 8. 做出抉择 9. 重新审视并思考决策
系统伦理分析抉择法	德尼·埃利奥特奥扎尔	2010 年	1. 确定伦理问题 2. 判断利害关系 3. 作出抉择

通过对比分析上述模式可以发现，不同模式包含相似的要素，情景事实是新闻伦理抉择模式的第一要素，定义伦理困境是伦理抉择的第一步，也是推理的前提条件。波特模式的第一步要求我们首先定义事实，通过了解事件发生的原因、经过及结果，发生冲突的主要矛盾、事件涉及的各方人物以及所造成的后果影响为后续价值判断和伦理原则应用等分析做准备；斯温在其模式第一步就通过一系列小测试来帮助抉择者确认面临的是否为伦理困境，是否有其他选择方法来解决困境而不必进行相应推理。此外，基德在其抉择模式中特别通过两种不同的实验测试进行伦理问题的区分，认为如果新闻从业者遭遇的伦理问题是“诱惑”而非“困境”，就没有必要进行下一步推理。由此可以看出，事实元素是伦理抉择模式的首要元素，失去事实或者当抉择者面临的根本不是伦理困境时，推理就没有进行的必要性。

在不同模式中，价值判断和价值选择是核心要素。不同文化、种族及地域的人存在不同价值观，甚至在同一种文化内部都存在着相互竞争的价值观。价值观的排列部分取决于个人在社会中所承担的角色，文化并没有表现为所有成员都接受铁板一样的文化体系，因而价值观在个人层面上也很难达成一致。[①]伦理抉择模式的要义在于，指导不同社会情境下的抉择者对所持价值观进行排序，选择自身认为最重要的价值理念作为抉择行为的指导依据。博克模式将价值的重要性寄托在开放性的伦理对话中，通过利益相关者的对话和诉求得出总体权衡最合适的价值取向；基德将广泛而抽象的新闻职业伦理价值冲突归纳为四种类型来帮助抉择者更明确困境的焦点。

模式在价值判断分析方面具有一定的抽象性。为了指导抉择者在相互冲突的价值中更好地排序，罗斯的显见义务思想在一定程度上提供了有意义的帮助。罗斯的显见义务分为七种，分别是忠实的义务、补偿的义务、感激的义务、正义的义务、慈善的义务、自我发展的义务以及不作恶的义务，当这几种义

① 单波：《跨文化传播的问题与可能性》，武汉大学出版社 2010 年版。

务相互没有冲突的情况下,各自都是首当执行的义务。①尽管如此,在实践过程中也有学者提出疑问,当这七种显见义务出现相互冲突时,或者相互冲突的两种价值观都不在显见义务范围内,那又如何作出相应的排序?将价值判断步骤融入抉择过程可以更好地了解不同境遇下抉择者所持的价值观念,了解其作出抉择行为的价值依据,是整个抉择模式的核心环节。

伦理原则应用是推理抉择模式的关键元素。传统新闻伦理研究范式集中在“提出问题—分析问题—解决问题”的范式和路径,对有争议性的新闻伦理事件进行反思并提供相应的问题解决方案。对具体问题的梳理和分析固然能为伦理困境研究打开一扇窗,但缺乏深度批判精神与哲学思辨基础,以致无法从更深的维度去反思问题产生的社会根源。由此导致的问题是,重复性的研究案例和同质化的研究成果反复出现,研究结论所提出的应对策略放之四海皆准,无法从根本上推动新闻伦理研究的创新和应用。起源于古希腊公理法的新闻伦理抉择模式则从跨学科的视野为媒介伦理研究提供了一种新方法,通过对伦理原则的应用,为抉择者提供解决困境的依据,解释自身抉择行为的道德合理性。波特模式中的五种经典伦理原则用以推理新闻伦理问题可以说是一种创新,但在实践过程中催生的新伦理问题需要新的伦理原则进行分析推理。例如,在跨国、跨文化报道过程中的伦理问题需要更为符合伦理对话原则的关怀伦理、社群主义伦理等作为伦理原则推理的选项。

当然,伦理原则的应用不局限于传统伦理学家所提出的伦理原则,在后续研究过程中也有学者将原则部分融进职业核心准则,为职业伦理困境提供更合适的解决方案,比如巴克对基德模式的修正;埃利奥特和奥扎尔所提出的系统伦理分析抉择法以新闻从业者的职业核心准则为问题解决的依据等。从模式构建来看,伦理原则这一元素除了为抉择者提供行为依据外,还为抉择者提

① 陈江进:《罗斯“显见义务”论思想探析》,《道德与文明》2009年第3期。

供了另一种角度去审视伦理问题，因此融合更多的准则和理念能拓宽抉择者的思路，提升其职业伦理敏感性。

抉择行为是模式的必然结果。从五种新闻伦理抉择模式的后半部分要素来看，作出抉择是一瞬间的行为，看似简单轻松，却是推理过程中最具有挑战性的部分。波特模式把“选择忠诚对象归属”作为抉择的最后判断，可以看出这一要素的重要地位，在波特看来，抉择者作出选择忠诚对象的那一刻便知道选择的结果，明白抉择者选择该行为的目的和意义。基德和斯温的伦理抉择模式在作出抉择这一步骤还增加了相应的预警机制，其模式在分析事实、价值、原则后还需要一套评估系统以反思抉择行为造成的后果。因此，巴克在评价基德模式中的这一步骤时表示，模式的关键其实在于作出抉择这一行动，它反映了人的心理活动，需要人的勇气，也是区分人和其他动物最重要的要素。①

由于不同模式对问题关注点不一样，其价值理念及模式的优势特征也有所不同，通过对模式的对比梳理发现，不同模式针对其自身所设定的问题是奏效的，但当面对其他伦理困境时则显得有所不足，所以伦理推理抉择模式构建也一直在进行调整和完善。

二、五种模式的价值元素与原则元素比较

从上述对新闻伦理抉择模式的抉择原理比较分析可发现，价值元素和原则元素是模式的核心和关键部分。模式的构建和发展通常在于价值元素和原则元素的融合与创新。对二者进行比较，分析归纳现有新闻伦理抉择模式在价值元素和原则元素维度的特点和规律，能够为完善模式并拓宽其应用范围提供依据和参考。

---

① B.Sherry，“Applying Kidder's Ethical Decision-Making Checklist to Media Ethics”，*Journal of Mass Media Ethics*，Vol.12，No.4，1997，pp.197-210.

表 6-6 五种新闻伦理推理抉择模式的价值元素和原则元素比较

名称	价值元素	原则元素	补充说明
波特模式	对相互冲突的忠诚进行排序	亚里士多德的“中庸之道”; 康德的“绝对命令”; 密尔的“功利主义”; 罗尔斯的“无知之幕”	后续发展新增了儒家的伦理原则、伊斯兰教“神圣戒律”原则、基督—犹太教“爱的伦理”原则以及社群主义伦理原则等
博克模式	辨识“欺骗性”价值冲突	通过寻求第三方解决办法和开放性伦理对话讨论各种伦理原则	组织一场开放性的伦理对话需要尊重涉事的各方利益相关者所遵循的伦理原则,博克的这一步骤可以尽可能囊括现有伦理原则
综合伦理抉择模式	对价值的等级认识	科尔伯格的“道德认知发展理论”	“道德认知发展理论”包括三种水平六个层次,在最高层级中涉及具有普遍意义的关怀伦理原则
基德伦理抉择模式	真实与忠诚价值; 个人与集体价值; 短期后果与长期后果价值; 公平与同情价值	底线伦理; 规则伦理; 关怀伦理	巴克特别强调对伦理原则的补充和应用,主张将跨学科思考应用在伦理原则部分,拓宽其适用范围
系统伦理分析抉择法	新闻职业伦理核心理念	将新闻核心准则作为伦理判断原则	将职业伦理的核心准则纳入伦理原则范畴

对各个模式的价值元素和原则元素比较分析发现,不同模式具有不同的价值导向及伦理原则,因而模式构建补充主要在于价值元素的构建和原则元素的扩展。从纵向发展维度来看,价值元素和原则元素的发展具有如下特点。

价值元素的构建逐渐趋向集中化和具体化。波特模式为早期出现的伦理抉择模式,其价值选择和判断只提出了要求抉择者对涉及伦理困境的价值元素进行排序,并没有指出价值冲突的表现形式以及具体的冲突范式;博克模式最初是针对具有“欺骗性”的伦理困境而给抉择者提供一种行为指南,因此其价值元素的构建具有一定的指向性;基德的伦理抉择模式则将复杂抽象的价值冲突归纳为四种类型，使模式应对的问题更为集中，更有效地针对所出现的伦理问题。媒介技术和媒介环境的变化使得新闻生产呈现新的特点，由此带来的价值冲突也显现出新的变化，模式的价值元素也应适时变化，将新的冲突类型纳入价值元素的考量，拓宽伦理抉择模式的应用范围和分析问题的针对性。

原则元素构建趋向多样化，跨学科融合提供了多元视野。从亚里士多德的“中庸之道”到科尔伯格的“道德认知发展理论”及新闻职业伦理核心准则，伦理推理模式在原则元素构建发展过程中融合了心理学、应用伦理学以及新闻学，从不同学科领域出发，为抉择者提供多样化的伦理原则依据，使模式更具现实问题的观照。但从相关对比中发现，西方价值取向主导的传统伦理原则仍然是基础，随着新闻实践发展，新出现的、经过调整的伦理原则相继容纳不同学科成果的道德原则理念，成为新伦理问题的原则依据。这也意味着，在原则元素的构建和融合上，引进不同学科的相关理论准则或者行为抉择指南，能够对相关情景的伦理困境提供有针对性的方法和依据，使抉择行为更符合情景伦理的要求。

三、五种模式的特征与局限比较

正如前文提及的，五种不同模式各有侧重点，对抉择者有一定指导意义，但新闻从业者在实践过程中出现的情景境遇是多样的，专注于单一情景或者同质文化的伦理问题忽视了新闻传播伦理跨文化转向的特征。新闻伦理抉择模式缺乏跨文化维度的价值元素考量和伦理原则元素的应用，将难以应对跨文化报道所带来的伦理问题。因此，积极探索具有跨文化元素的价值理念和伦理原则是探讨新闻伦理推理抉择模式跨文化适用性的重点。下表对五种新闻伦理推理抉择模式进行比较，厘清不同模式的特点与问题，有利于从业者更深入了解不同模式的异同与特点，根据具体问题选择不同的抉择模式。

表 6-7　五种新闻伦理推理抉择模式的特征与局限比较

名称	创新点	特征	局限
波特模式	循环体系	创新新闻伦理的研究范式； 完善伦理准则和标准； 提高伦理敏感性和伦理判断能力	价值观的西方取向； 推理过程的抽象性
博克模式	寻求变通法则； 模拟伦理对话	关注抉择者的心理层面； 跨学科研究视野	缺乏完整的推理步骤； 受限于抉择者的知识水平
综合伦理抉择模式	建立问责机制； “道德认知发展理论”的应用； 制定并形成组织政策	综合性、跨学科的研究方法为伦理抉择研究提供了新的视野； 强调对组织的现实关照，形成并制定相应的伦理抉择政策	过分强调对新闻机构的现实意义而忽略个体层面的反省； 缺乏互动机制
基德伦理抉择模式	创新定义“伦理问题”的二分法； 寻求第三方解决办法； 模式的循环体系	全面具体的问题指南和详细的操作步骤，使伦理抉择过程更具现实操作意义； 循环推理模式，促使推理过程不断完善，思考不断深入，深化对伦理问题的认识	缺乏对组织和社会的整体关照
系统伦理分析抉择法	将新闻核心准则作为价值判断的依据； 提出抉择行为的四种后果	符合新闻从业者职业伦理困境的分析模式； 问题聚焦	侧重对问题的分析而缺乏对现实实践的指导意义

通过上表对五种新闻伦理抉择模式的创新点、特征以及局限性对比发现，部分模式的创新点和局限性互为补充，比如针对波特模式推理过程中的抽象性问题，斯温综合伦理抉择模式和基德伦理抉择模式提供了更详细的步骤和抉择指南，以帮助抉择者降低推理过程中的操作难度；而针对斯温综合伦理抉择模式缺乏循环互动的机制，基德模式审视并检验的步骤为该模式提供了相应借鉴。依据这一逻辑，通过对不同模式的优势特征进行提取，同时避免模式的局限性，可以进一步优化新闻伦理抉择模式的基本框架，为后续讨论跨文化

情景的新闻伦理抉择模式提供更为完善的参考。

首先,模式的互动循环体系有利于推动模式的完善。由伦理困境延伸出来的抉择问题,抉择行为和结果也会反作用于下次出现的伦理困境,因此构建伦理抉择模式的循环体系可以更好地帮助从业者认识困境,作出更合乎伦理道德的抉择。构建循环互动体系需要明确各个要素之间的内涵和潜在关系,比如波特模式循环体系的构建需要抉择者清晰明白定义事实包括哪些方面,如何进行价值判断,选择哪些伦理原则以及怎样选择忠诚对象。在此基础上,模式还要求抉择者厘清事实和价值之间的潜在关系,事实和忠诚对象有哪些关系,外部因素如何影响对忠诚对象的选择等。通过一系列辨析帮助抉择者进入更全面的推理和思考,进而提升个体的伦理推理与抉择能力。基德在其模式第九步重新审视抉择行为与造成的影响时也表示,通过再次循环推理,可以对困境和抉择有进一步的认识。

其次,寻求第三种解决办法的思路可以减少不必要的推理步骤,降低抉择过程难度。博克模式的第二步骤指出,当抉择者在拷问自己的良心后依然无所适从,可以通过寻找第三方解决办法来寻找问题的解决路径。基德在其抉择模式中指出,寻找第三种方法需要超越现有伦理困境的影响,从更高程度去审视问题,多方面发现解决问题的路径。第三方解决办法的出现有利于减轻推理步骤的繁杂,正如基德认为,寻找第三种解决办法不一定要放在伦理原则的分析之后,任何一个步骤只要能找到相应的替代解决方案,就可以减少后续不必要的推理分析。

寻找第三方解决办法的思维模式突破了传统两难困境中非此即彼的二元对立方式,加强了抉择模式与外部因素的联系,使模式的理论分析和具体实践联系更为密切。与此同时,寻求第三方解决办法的步骤在一定程度上为具有不同背景的各方在抉择过程中融进新的理论视角和依据提供了途径和空间,推动了伦理问题的广泛探讨。

最后,应当从个体层面到纵贯全局,制定并形成相应的规范。新闻实践过程中所产生的新伦理问题,需要新的伦理规范去指导。因此,新闻从业者的伦理规范也是一个动态发展的过程,通过对伦理问题的推理分析,论证伦理抉择行为的合理性,为规范的制定提供相应的理论和实践基础。斯温综合伦理抉择模式在最后一步指出,新闻组织或新闻机构要及时对行为抉择的结果进行评估,并形成一定的规范用以指导未来可能发生的同类伦理问题。该步骤的设置为模式的不断修正提供了借鉴,个体抉择行为的推理可以为新闻组织机构的伦理规范制定形成补充,新的组织伦理规范又可以进一步对从业者个体的实践进行指导和约束,新闻从业者个体和新闻机构相辅相成,共同推动伦理问题的解决和伦理规范的构建。

第四节 新闻伦理推理抉择模式的跨文化构建

对现有的抉择模式对比分析发现,新闻生产实践发展所导致的新伦理问题往往需要融入新的伦理价值和伦理原则进行解释和分析。巴克在对基德的伦理抉择模式进行修正时也曾指出,融入更多伦理原则和职业核心道德准则可以增强模式的适用性。[①]本节尝试融合新闻伦理的跨文化价值理念与原则,探讨更具有跨文化适用性的新闻伦理推理抉择模式(如图6-3)。

根据下图的跨文化新闻伦理抉择模式推理步骤,第一步需要详细分析新闻从业者所面临的跨文化报道伦理困境全部事实,包括困境发生的时间、地点、所涉及的利益相关者(最基本的包括报道者与被报道对象)、矛盾的冲突点、困境的状态等,详细梳理困境事实有助于抉择者下一步分析判断。在确定为跨文化的新闻伦理困境后,往下分析有两种不同途径,一是寻找第三方解决办法,超越矛盾冲突的二元对立局面,转向第三种维度去寻求解决问题的方

① B.Sherry,"Applying Kidder's Ethical Decision-Making Checklist to Media Ethics",*Journal of Mass Media Ethics*,Vol.12,No.4,1997,pp.197-210.

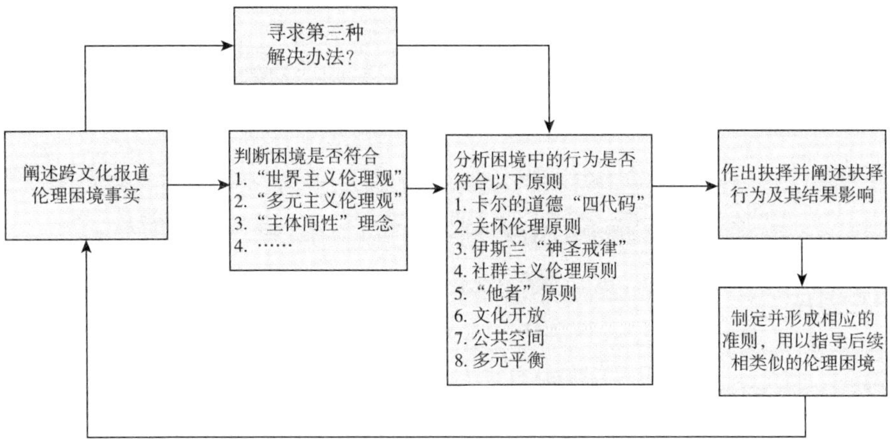

图 6-3　跨文化新闻伦理推理抉择模式

案，常见的方法如博克模式中寻求相应专家给予的建议或者解决方案，继而分析该方案的伦理合理性等。但是，实际上并非所有实践中遭遇的伦理困境都能规避矛盾二元对立的局面，更多时候抉择者需要应用“世界主义伦理观”“多元主义伦理观”或“主体间性”等价值理念去判断自身的价值选择，正如罗尔斯的“无知之幕”所倡导的原则一样，跨文化新闻伦理问题的解决前提是强调多元主体的公平地位，把利益相关者放在平等位置上，衡量报道行为对各个主体的利弊及风险，是跨文化新闻伦理推理抉择的基础。

模式的第三步是应用符合跨文化伦理对话的原则去分析和解释行为抉择的合理性问题。在已有研究和已形成的伦理原则基础上，本节借鉴跨文化新闻传播和谐理念推导出的四项原则，用以指导和评析跨文化新闻出现的伦理困境，为最终的抉择行为提供伦理原则依据。随着跨文化新闻传播的不断深入，由此带来的伦理问题，需要进一步拓展伦理原则的跨文化内涵及其应用范围。

模式的第四步要求抉择者在理性分析基础上作出抉择，通过上述几个维度的分析和考量，抉择者可以作出更加合乎理性的抉择，记录抉择结果并形成相应的跨文化伦理规范，以此完善跨文化新闻传播伦理问题的解决路径。值得注意的是,跨文化新闻伦理抉择模式的最后强调重新审视并检验抉择行为,循环互动的推理过程有助于避免单向模式的僵化思维,在推理中不断加深对伦理困境的思考和探索,增强抉择者的伦理抉择能力和思辨能力。

第五节　基德模式融入中国价值观的尝试

新闻伦理学界多以波特模式作为抉择工具对伦理事件进行分析,但波特模式在解决不同类型的伦理问题时存在一定局限性,需要比较其他抉择模式来探寻更具有针对性和适用性的推理方法,本节尝试国外媒介伦理学界的另外一种抉择模式——基德伦理抉择模式,厘清其抉择步骤及特征,并应用该模式来分析探讨跨文化新闻报道实践中的伦理争议案例,为跨文化报道催生的新闻伦理问题提供另外一种抉择工具与方法,并尝试通过在模式中增加中国文化的伦理价值观念和原则,对新闻伦理抉择模式的跨文化适用性进行思考和补充。

一、基德模式的特点

基德模式创造性地增加了对伦理问题类型的区分和确认,使伦理困境的定义更加清晰和明确,将伦理失范排除到伦理推理抉择实践之外。具体而全面的问题抉择指南提供了行动和操作方向,减少了模式应用的抽象性,具有较强的操作价值。基德模式中的九大步骤呈现了完整的思考过程,大部分推理环节都设有问题抉择清单,通过自查式的回答提升从业者个体的伦理敏感性。其中步骤四和步骤五对伦理问题的区分上,基德更是引入了心理学的实验测试法和传统伦理困境的四种类型,将抽象问题具体化,提升了伦理推理的操作应用性。基德模式还具有一定的灵活性,模式的第七步特别提到,寻找第三方解决办法是为了优化问题的解决方案,因而这一步骤可以放置于推理过程的任何阶段,给抉择者提供更加灵活的解决方案。

此外，基德模式中的循环推理步骤可以促进抉择过程不断完善，思考逐渐深入，强化对伦理问题的敏感性和认知度。基德模式在一定程度上创新了媒介伦理的研究视角，一些学者将基德模式引进信息管理中的伦理争议问题上，指明管理者时常面临信息获取权和职业核心价值的冲突问题并提供解决路径；①巴克将该模式运用在媒介伦理案例的分析上，指出融合更多媒介职业角色相关的价值理念、职业责任等元素能够更清晰地反映伦理冲突矛盾点和问题所在。②尽管巴克对基德模式补充了职业道德核心准则的相关元素，但忽视了非西方化的价值元素。使跨文化报道催生的新伦理问题难以从现有的四种冲突类型中匹配到契合的解释依据，缺失了跨文化维度的价值依据和伦理原则，推理过程难以有效进行。理论建构须在不断变化的实践过程中检验和发展，伦理推理模式也需要不断应对和解决新出现的伦理问题，探讨如何在基德模式中融入非西方的价值观念和伦理原则，是使该模式具有跨文化伦理问题解释力和跨文化推理抉择适用性的关键。

表 6-8　波特模式和基德模式在价值维度和原则维度的对比分析

	波特模式	基德模式
价值维度	相互冲突的价值排序； 外因（政策等）	真实与忠诚价值冲突； 个人与集体价值冲突； 短期后果与长期后果价值冲突； 公平与同情价值冲突
原则维度	亚里士多德的“中庸之道”； 康德的“绝对命令”； 密尔的“功利主义”； 罗尔斯的“无知之幕”； 犹太—基督教的“爱的伦理”； 社群主义伦理原则	底线伦理； 规则伦理； 关怀伦理

① W.V.Dole, J.M.Hurych, "Using Kidder's Dilemma Paradigm to Resolve Conflicts in Library Core Values", *New Library World*, Vol.110, No.9/10, 2009, pp.449-456.

② B.Sherry, "Applying Kidder's Ethical Decision-Making Checklist to Media Ethics", *Journal of Mass Media Ethics*, Vol.12, No.4, 1997, pp.197-210.

上表对两种常见新闻伦理推理抉择模式的价值和原则元素进行对比，波特模式在价值选择和判断中要求抉择者对涉及伦理困境的价值理念进行排序，同时关注外部因素对抉择过程的影响；基德模式将各种抽象的价值元素归纳为四种常见冲突类型，但“对—对”冲突类型主要针对相同社会文化生态下新闻生产所导致的伦理困境，当记者在不同地域、不同文化下进行新闻实践，“对”和“正确”的定义被冠上地域文化色彩时，该如何断定哪种文化体系下的价值行为更为合理？跨文化新闻报道导致的伦理争议往往源自更深层次的文化价值观之间的冲突碰撞，因而可以在价值维度增补新的“文化—文化”冲突类型，尝试使跨文化报道的伦理问题找到更加适用的冲突类型。

在模式的原则元素构成维度，从亚里士多德的“中庸之道”到关怀伦理，从同质文化情景下伦理原则的应用到不同文化生态下价值和原则维度的文化价值多样化探索，不同的抉择模式在原则元素的发展修正中逐渐拓宽其跨文化适用性。通过对比可发现，西方文化价值取向的伦理原则是波特模式和基德模式在原则维度的思想基础，但随着全球化、跨文化媒体实践的深入，非西方的价值体系和伦理原则也相继被增加到模式中，成为跨文化新闻伦理新问题的抉择依据。新闻伦理抉择模式价值原则的发展历程表明，增加不同文化的伦理准则能帮助抉择者在不断变化的职业实践中找到不断更新的抉择依据，做出更加符合时代特征和伦理要求的抉择。因此，波特模式和基德模式都尝试通过修正价值原则和伦理原则的构成，体现出一定程度上的跨文化适用性。

然而，如前文所述，在基德模式的价值维度中，增加“文化—文化”冲突类型，尝试分析跨文化新闻报道的新伦理问题类型。其核心问题是，在这个增补的价值冲突类型中，如何能够体现不同文化，尤其是非西方文化的价值观念和伦理原则？因此，伦理原则维度需涵盖能够体现文化多样性和多元化的价值体系和原则，使从业者在推理过程中更加清晰地分析文化冲突的类型和问题，以及可以依据的体现跨文化性质的伦理原则，才能导向更加合理的跨文化新闻伦理抉择分析。

二、基德模式重构探讨:中国价值观的融入

如何在基德模式的价值原则维度融入更多非西方的价值体系和伦理原则,是亟待探索的问题。本节尝试将部分具有全球视野、适合国际传播的中国价值理念及其蕴含的伦理原则融入基德模式,为国与国、区域与区域之间的文化交流提供一种新的思考路径,也为解决文化差异所导致的跨文化新闻伦理问题提供一种可供选择的价值原则和推理依据。

儒家“己所不欲,勿施于人”的观念常被视为体现传统中国文化伦理价值观的代表。儒家待人接物的伦理思想能为人与人、地区与地区甚至国与国之间提供一种合乎道德伦理关系的借鉴,但作为一种程序性的规范准则,“己所不欲,勿施于人”更偏向于个体维度的“他者”视角。人类命运共同体思想则是从人类命运的整体视野出发,关注包括政治、经济、文化、安全以及自然等不同领域的问题,实质上也是构建伦理共同体,是对中华民族传统价值理念和马克思主义经典文化中“共同体”思想进行创造性地转化和创新性发展的产物。①

一些研究尝试对人类命运共同体理念中蕴含的伦理思想进行不同维度的诠释剖析,向玉乔认为中国倡议构建的人类命运共同体本质上是一种伦理共同体,倡导同舟共济、同甘共苦、同心同德、同生共荣、同进同退五种国际伦理意识。②王蔚则认为人类命运共同体思想中蕴含着丰富的三重中国传统伦理内涵,包括爱众亲仁、生生不息和太平和合。③黄真从伦理角度分析人类命运共同体理念内含三种正义:个人正义、国际正义和世界正义,从文化角度蕴含了中国“天人一体”的宇宙情怀和“天下一家”的人类情怀,是我国传统“大

① 向玉乔:《构建人类命运共同体的国际伦理意蕴》,《湖北大学学报(哲学社会科学版)》2019 年第 3 期。

② 向玉乔:《构建人类命运共同体的国际伦理意蕴》,《湖北大学学报(哲学社会科学版)》2019 年第 3 期。

③ 王蔚:《人类命运共同体的三重传统伦理内涵》,《人民论坛》2019 年第 10 期。

同"文化的当代体现,从理论角度则与强调和平共处、和谐共生的"共生"理论具有相同之处。①黄云明认为人类命运共同体理念结合了马克思主义哲学和中国古代哲学,彰显了中国传统哲学智慧,蕴含着正义、和合和仁爱的伦理价值,其中和合思想是核心。②孙珊认为人类命运共同体理念的理论渊源包含着中国传统文化中的"天下大同""天下为公""天人合一"等思想。③陈光连等人指出公义精神、和合精神、道义精神是人类命运共同体理念中的传统伦理精神,中国传统文化为"天下大同""和而不同""重义轻利""天人合一"等思想提供了重要的文化滋养。④

融合分析人类命运共同体理念伦理意涵的研究,提炼其中适合国际传播的中国文化价值观念,尝试将之补充到基德模式的价值原则中,为基德模式增加反映中国文化价值理念的选择。"共生""共在""共赢"及"共享"精神是中华民族传统价值理念的当代表现,也为当前全球性伦理问题提供具有时代性和中国特色的解决方案。在"共生"层面,"爱众亲仁""亲邻友善"是构建人类命运共同体的伦理前提。⑤ "爱众""亲邻"实际上是先哲们对人际关系的一种思考,旨在规劝人们砥砺自我德行,与人相爱才能达到和睦共存的理想境界。在全球恐怖主义蔓延、局部战争频发以及环境安全等问题威胁到人类生存的情况下,"爱众亲仁""亲邻友善"无疑对处理国与国之间的关系具有指引作用。在"共在"层面,中国传统文化"天下为公""公正无私"等"家天下"的理念为世界平等繁荣、可持续性发展提供思想基础,"天下为公"展示的是包容和公平的精神,国与国之间的关系、世界新秩序只有建立在公平正义的基础

---

① 黄真:《"人类命运共同体"理念的伦理透视》,《理论月刊》2016 年第 11 期。

② 黄云明:《习近平人类命运共同体理念的哲学底蕴和伦理意蕴》,《社会科学家》2018 年第 5 期。

③ 孙珊:《习近平新时代人类命运共同体理论的生产与价值》,《渤海大学学报》2019 年第 2 期。

④ 陈光连、尹剑:《习近平人类命运共同体思想中的传统伦理精神》,《理论导刊》2019 年第 3 期。

⑤ 王蔚:《人类命运共同体的三重传统伦理内涵》,《人民论坛》2019 年第 10 期。

上,才有可能推动人类文明的进程。“共赢”则意味着合作与发展,发展离不开和平。作为儒释道所共同追求的终极价值目标,和合精神是人类命运共同体的核心理念。[①] “大同世界”“和而不同”“和实生物”等揭示的是多元世界的统一性,人类命运的共生性,国与国之间只有摆脱丛林法则“弱肉强食”的逻辑,从有益于人类整体命运的关怀视角出发,求同存异,相互尊重,在和谐的理念指导下进行对话交流、合作共处,最后才可能达到相互共赢的局面。在“共享”层面上,“利义相兼”“先义后利”和“见利思义”等为成果共享和责任共担提供一种舍取的道德考量,[②]全球化发展给各国带来机遇同时充满挑战,看到发展机会的同时也不能忽视责任的承担。在“利”与“义”面前,发达国家不能见利忘义,在获得更多利益的同时也应主动承担更多义务,而发展中国家也应坚持“开明的自利”伦理原则,通过合作而非对抗,共赢而非独占,利他而非自私的方式达到自利的目标。[③]

在文化交流和跨国家、跨文化报道层面上,“共生”“共在”“共赢”以及“共享”的伦理思想或许能为跨国、跨文化新闻报道中遭遇的伦理冲突和争议提供一种借鉴和启示。世界上每个个体都有相似的“命运”,这种“一荣俱荣、一败俱败”的合作关系要求新闻从业者在跨国、跨文化报道时不能将自我与他者完全隔离或者对立,而是处在一种“同呼吸,共命运”的状态下,公平客观地审视发生在每个地区、每个国家的事件,平等对待不同的采访对象。在进行不同文化情景的报道实践时,新闻从业者的抉择行为需立足于人类的整体利益,以全面谨慎的态度对待行为抉择的后果和影响,减少因采访报道导致的文化冲突,降低报道对象的可能风险。秉承“共赢”和“共享”伦理原则,新闻从业者应更多地承担维护共同价值的责任,守护社会秩序的义务以及关爱他者

① 王蔚:《人类命运共同体的三重传统伦理内涵》,《人民论坛》2019 年第 10 期;黄云明:《习近平人类命运共同体理念的哲学底蕴和伦理意蕴》,《社会科学家》2018 年第 5 期。

② 陈光连、尹剑:《习近平人类命运共同体思想中的传统伦理精神》,《理论导刊》2019 年第 3 期。

③ 黄真:《“人类命运共同体”理念的伦理透视》,《理论月刊》2016 年第 11 期。

的道德，而不是为了完成报道任务而放弃对报道后果，尤其是报道对于其他国家和其他文化影响的考量。例如，在冲突频发的地区，寻找以消解冲突为结果的报道方式比单纯呈现地区冲突更符合人类共同命运体现的“共生”“共在”“共赢”“共享”的伦理思想。

由此看来，当新闻从业者身陷跨文化报道的伦理困境时，具有中国文化特色的伦理思想和原则能够提供一种更具全局观和共生观的解释依据，并指导跨文化报道的从业者做出有益于人类共同命运的道德抉择。将中国文化价值理念融入基德模式的价值和原则维度，可以为该模式融入一种非西方的价值选择和原则依据，从而增强其跨文化适用性。补充后的基德模式如下表所示。

表 6-9　中国价值原则补充后的基德模式

1. 确定伦理问题
2. 确定行为主体
3. 收集相关事实
4. 进行“对—错”测试 · 合法性测试　　这是合法的吗？ · 直觉反应测试　　这符合我的道德原则吗？ · 头版效应测试　　如果我的行为将会被刊登到明天的头版头条，还坚持做吗？ · 模范效应测试　　假如我是个道德高尚的人，我还会这样做吗？ 假如以上四个测试中其中一个回答是“否”的话，确定只是“伦理诱惑”，可结束推理。如果回答全都是“是”，则确定是“伦理困境”，继续以下推理步骤。
5. 进行“对—对”测试 · 真实 VS 忠诚 · 个人 VS 集体 · 短期后果 VS 长期后果 · 公平 VS 同情 · 文化 VS 文化
6. 应用伦理原则 · 底线伦理原则 · 规则伦理原则 · 关怀伦理原则 · 命运共同体原则 爱众亲仁的共生精神 天下为公的共在精神 太平和合的共赢精神 利义相兼的共享精神

续表

7. 寻求第三方解决办法
8. 作出抉择
9. 重新审视并思考决策

由上表可看出，抉择者在确定伦理问题类型为“文化—文化”的冲突争议类型以后，在伦理原则的推理步骤增加体现中国文化的价值原则可为这类伦理问题提供一种有别于既有伦理原则的选择依据，从而导向跨文化新闻伦理问题的解决和冲突的消解。

三、补充后的基德模式应用案例

以 2015 年引起全球媒体关注的法国《查理周刊》漫画事件为例，应用补充后的基德模式进行伦理推理分析，可以帮助新闻从业者厘清跨文化新闻伦理事件背后的价值取向和行为动机，加深对跨文化伦理事件的思考，并为检验模式提供应用层面的经验。

2015 年 1 月 7 日，总部位于法国巴黎的《查理周刊》在召开编辑会议时遭到恐怖分子袭击，两名持枪歹徒朝着编辑、记者扫射，共造成 12 人死亡，其中包括 2 名警察，4 名杂志社的编辑人员。[①]该袭击源于《查理周刊》因刊登讽刺漫画而引发的文化冲突。《查理周刊》又称为《沙利尔周刊》，是法国一家左翼的政治周刊，以政治讽刺漫画著名。

《查理周刊》漫画事件引发了对媒体报道自由边界的争论，当言论冒犯信仰，言论自由和尊重信仰这两种价值观念发生冲突，面对这种跨文化报道的伦理困境，媒体如何抉择成为导致不同后果的关键。

运用补充后的基德模式对这则引发跨文化伦理争议的事件进行推理分

① 《法国巴黎〈查理周刊〉遭恐怖袭击》，中国青年网 2015 年 1 月 7 日，见 http://news.youth.cn/gj/201601/t20160105_7493106.htm。

析,首先要认清和确定伦理争议的情况和性质。从《查理周刊》事件发展过程及由此引发的不同媒体之间报道争议的情况来看,不同文化情景下报道者所持报道价值和伦理原则取向的差异是出现争论的关键。

基德模式要求尽可能还原事实,该事件涉及的行为主体是各国具有不同文化背景的报道者,原因在于报道者在两种价值原则发生冲突时基于不同价值取向而做出的不同选择,分析可推断该事件为一起跨文化报道中出现的伦理问题案例,是言论自由和尊重信仰这两种价值发生冲突而形成的跨文化报道伦理困境,可继续进行推理。

确定问题性质以后,用基德模式对《查理周刊》事件进行推理,首先需界定这起伦理困境的冲突类型。当言论自由和尊重信仰两种价值原则发生冲突,不同媒体从业者的文化生态、价值取向和排序原则导致对该报道行为的态度立场出现争议,体现文化差异的价值观念发生冲突,此次伦理困境可用基德模式价值维度中增加的"文化—文化"冲突类型来归类。

价值冲突归类明确以后,推理过程的下一步是应用伦理原则去分析问题。本案例的报道伦理争议,在抉择模式的伦理原则分析步骤中,可以尝试应用基德模式中新增的中国价值理念所蕴含的"太平和合"共赢伦理原则进行分析,为下一步抉择行为提供依据。"太平和合"的伦理准则与世界"和平与发展"主题一脉相承。和合文化在汲取中华民族传统思想价值体系的基础上,面向人类整体,倡导通过和谐友善的原则和方法来促进文化冲突问题的解决。和合原则用以分析跨国、跨文化报道造成的伦理争议和困境时,强调多元统一,尊重彼此差异,协同发展,在差异中寻找到双方利益的共同点,达成不同文化语境的跨文化对话,减少报道争议,进而达成双方共赢,最终通过信息传播来推动不同文化消解误解、和谐共处,推动人类社会的共同发展。对于《查理周刊》事件,如果从业者在分析言论自由与尊重信仰的文化价值观差异时,尝试应用中国文化价值观中的"太平和合"伦理原则去审视类似报道方式的伦理困境及其可能引发的文化冲突,就能以去中心化的共同体视角预判冲突和可能的后果,从关注双方共同感受和减少彼此伤害的立场去考量抉择行为,在和合原则的推理分析下,探讨可能规避伤害和冲突的解决方式,例如通过增加解释性说明等方式来避免激化矛盾冲突。

模式最后一步要求抉择者重新审视抉择行为。针对《查理周刊》事件,在跨文化报道中更加符合伦理理性的做法或许是在报道可能出现文化争议的议题时能够意识到不同社会文化的价值观差异和理解差异,预判文化冲突的可能性和后果,依据不同文化的伦理原则,通过理性分析抉择,寻求更符合冲突双方共同利益和共同命运的解决方案,通过沟通、协商的方式达到消解争议的目的,尊重差异,和而不同,通过新闻报道促进不同文化间的交流传播,避免冲突激化。当然,伦理思考和伦理抉择并非提供"唯一正确"的解决办法,而是为面临困境的报道者提供理性思考和抉择推理的工具,通过思考抉择过程让人的行为抉择合乎道德理性。

作为媒介伦理研究的方法和工具,基德模式能够提供波特模式之外的伦理抉择模式选择,引导新闻从业者在面临不同类型的伦理问题时多一种推理抉择方法和工具。基德模式比波特模式的步骤更详细,指引更具体,增加了伦理问题类型的分析判断步骤,从而排除了无须进行抉择推理的问题类型。但基德模式与波特模式一样,在价值维度和原则维度均以西方价值观念体系作为主导的抉择依据,因而对跨文化报道伦理争议的推理抉择缺乏不同文化的多元价值原则选项,对跨文化报道伦理问题的解释力与适用性相对薄弱。本节尝试引介基德模式,同时探讨融入中国价值观,增加"文化—文化"的价值冲突类型和具有全球视野的伦理原则,为跨文化报道伦理问题的推理分析提供一种中国文化视角的价值和原则依据,同时推动新闻从业者形成全球视野,尝试解释性报道等方式,分析解决跨文化报道的伦理争议,推进文化对话、消解文化冲突、共建人类命运共同体。

这种探讨为不同的新闻伦理推理抉择模式提供了一种新的尝试,旨在推动不同抉择模式对不断发展变化的跨国、跨文化报道实践作出更有效地引导和规范。随着传播技术的飞速发展及新闻实践的不断深入，对伦理推理抉择模式的进一步探讨还可以从以下三方面进行。

首先，基德模式提供了波特和博克模式之外的一种选择，但纵观伦理抉择推理发展的历程，是否还有其他应用性、操作性更好的模式？不同模式之间的异同与特点如何？对不同伦理抉择模式的梳理引介与比较研究将是媒介伦理研究领域亟待进行的基础理论研究。

其次，正如一些学者在波特模式的价值原则步骤中增加儒家文化的价值理念，本书尝试探讨中国价值观所蕴含的更具有全球视野的文化价值和伦理原则，将其融入基德模式。那么，从传统到当代，还有哪些中国价值观的理念及其代表的伦理原则能够融入不同的新闻伦理抉择模式，甚至更进一步，非西方文化中的价值理念和伦理原则如何参与新闻伦理推理抉择模式的重构，也是值得继续探索的核心问题。

最后，丰富新闻伦理推理抉择模式的应用研究，为新闻从业者提供可操作的抉择方法与工具。在跨国、跨文化报道成为常态的当下，地域性新闻事件突破了边界的限制，涉及人类共同利益的问题如全球气候、网络安全、经济危机以及恐怖主义等议题引发全球关注，也容易催生新的跨文化新闻伦理敏感和争议问题。但缺乏对抉择模式应用的经验研究，将很难发现其操作适用性问题。今后研究中需加强对抉择模式的应用分析和效果研究，结合问卷、实验等方法检验新闻伦理推理抉择模式的可操作性和适应性，为新闻从业者提供更有操作力的抉择工具。

基德模式的中国文化价值观补充尝试作为推动更多新闻伦理推理抉择模式理论补充和应用研究的一种尝试，期待能促进今后进一步探索不同的伦理抉择模式，在汲取不同模式优势和特点的基础上，补充完善新闻伦理抉择模式的跨文化理论和应用探讨，使之对不同伦理问题更有针对性和适用性，从而促进新闻全球化时代本土媒体的国际新闻报道实践中不断涌现的跨文化新伦理问题的解决。

结　语

本书尝试从新闻伦理规范的维度探讨本土媒体报道国际新闻可能出现的伦理问题、影响因素与解决路径，为加强我国媒体的国际传播能力建设开拓新的实践与理论路径。媒介技术的飞速发展带来国际新闻生态的发展变化，从全球生态与发展趋势来看，长期派驻驻外记者报道国际新闻的方式在逐步缩减，外派记者完成短期任务等其他国际报道的尝试在不断增多，国际新闻生产更加多元化，国际报道实践更加多样化。从国内发展语境来看，我国综合国力持续增强，全球化程度不断加深，对国际信息、国际新闻的需求日益增长，国内媒体重视发展国际新闻，外派记者的出现正是市场需求刺激行业实践的反映；从媒体的制度语境来看，国内媒体外派记者奔赴海外报道国际新闻成为媒体积极争取国际新闻市场的重要举措，驻外记者、临时外派记者以及其他国际报道尝试共同构成国际新闻的立体化生产格局；从新闻行业发展的语境来看，本土媒体记者报道空间的全球化拓展与报道视野的国际化转变，最终将有益于加强中国新闻媒体的国际报道力和传播力。

新的报道实践也遭遇新的问题。传播技术的发展推动了新闻生产全球化，本土原有的新闻伦理规范和产制惯习与传播全球化带来的外来体系发生碰撞、冲突、融合而最终演变为新的规范与产制体系，在此过程中以西方新闻理念与操作体系为主导的"新闻全球化"与多元多样的本土理念与实践所代表的"新闻本土化"既有共同之处,也存在差异与冲突,二者在对立统一中相互影响与作用,形成一种双向互动的"新闻球土化"进程。本土新闻伦理主要针对以国家或地域为单位的本土新闻实践的问题与规范,反映区域主导的价值与文化。全球化过程中逐渐增加的跨国、跨文化的他者报道,是一种全球化与本土化碰撞互动的实践过程,在此过程中产生种种新的伦理实践问题。

第一节　跨文化新闻伦理问题的产生与类型

本土媒体报道国际新闻可能产生以下四类跨文化伦理问题。

第一类,伦理差异与社会情境差异导致伦理准则的文化适应性问题。既有新闻伦理主要针对同质文化中的问题,在报道他者日益频繁的时代,不同国家、社会、文化之间的普适性新闻伦理的存在及内涵尚待探讨,但全球新闻从业者在新闻伦理方面并没有形成统一的新闻伦理规范。① 即使相似的基本概念,在不同社会情境下也可能具有不同的内涵,并不都具有跨文化的适应性。由于职业伦理是指导记者行为的重要准则,当报道他者时遭遇伦理差异和不同社会情境就可能导致误读或陷入困境。除伦理差异外,不同社会情境也可能导致报道者的伦理困境,一些被广泛接受的伦理准则在不同社会文化语境下的适用性问题也常常困扰报道者。报道不同社会文化语境的新闻时,报道者常因伦理规范和社会情境差异而面临选择、理解和释义的难题。

第二类,报道对象风险的跨文化敏感性与伦理原则冲突。国际报道中报道对象常因文化制度差异在被报道后面临社会压力、道德谴责、人身威胁甚至牢狱或死亡等程度不同的潜在风险与损害,记者对报道对象是否会面临风险的敏感度不一,对如何应对风险的抉择也因各自秉持的伦理原则而存在差异。一部分记者可能更倾向于罗尔斯的责任伦理,优先维护弱势群体的利益。而

① D.H.Weaver, L.Willnat, "Journalists in the 21st Century: Conclusions", in D.H.Weaver, L. Willnat (eds.), *The Global Journalists in the 21st Century*, New York: Routledge, 2012, pp.529-551.

一些记者遵循功利主义伦理原则，认为为了“更大的善行”而使消息来源面临风险具有伦理的正当性。在报道事实与保护被报道者之间做出平衡与选择，不同的伦理原则形成选择的争议。

第三类，客观报道与建构他者的内容偏向。萨义德指出报道他者实质是参与文化霸权的共识制造过程，建构他者的形象，反映一个国家的海外政治经济利益，①在证明新闻生产与权力网络和主流意识形态一致，维护既定社会秩序，为支配性的阶级、种族和性别服务方面，跨文化、跨国报道甚至比其他报道更为典型。②国际新闻的内容偏向问题还可以从群体间语言偏见理论找到依据，揭示了报道他者产生语言偏见的必然性。语言的偏见来自人的动机与认知机制，以一种更难以被察觉的方式反映主导文化的主流意识形态。③ 新闻社会生产、语言文化和心理机制，共同导致国际新闻的内容可能存在客观报道与建构他者之间的偏向和矛盾。

第四类，职业理念与社会责任的矛盾。外派记者在战乱和文化、种族冲突严重的地区和恐怖主义蔓延的海外现场报道新闻，有可能引发种族仇恨、爆发冲突或扩大敌对事态时，记者如何在告知公众与权衡后果的职业要求与社会责任之间取得平衡，是国际新闻中常见的伦理困境。视客观性为核心职业理念和价值观的记者，会对任何有碍或有悖客观报道的因素保持警惕，即使这些因素与文化差异、情境差异、报道后果有关。当报道可能重现冲突性的后果，坚持报道和社会责任的平衡与选择也是从业者可能遭遇的一种跨文化伦理问题。

伦理问题产生于实践，新的实践带来新的伦理问题，催生新的探讨。报道者面临的问题，既有文化差异导致的不同伦理原则与释义的冲突，也有源自社

---

① E.Said, *Covering Islam: How the Media and the Experts Determine how We See the Rest of the World*, London: Vintage, 1981.

② T.Gitlin, *The Whole World is Watching: Mass Media in the Making and Unmaking of the New Left*, Berkeley: University of California Press, 1980.

③ 单波：《跨文化传播的问题与可能性》，武汉大学出版社 2010 年版，第 163 页。

会权力不平等的伦理适应性问题；被报道者的伦理问题，既包括记者与消息来源和报道对象之间的权力问题，也是功利主义伦理原则和公平或兼爱等其他原则之间的差异与选择问题；报道内容问题，既有国际传播中权力不平衡导致的意识形态框架问题，也有群体间语言偏见及其他跨文化心理导致的刻板印象问题；报道结果问题一方面是跨国跨文化信息的自由与控制之间的权力问题，另一方面也是对新闻社会功能与角色的不同理解的新闻文化问题。新闻伦理在实践中经历着全球本土双向互动，在此过程中可能出现上述种种跨文化伦理问题。

第二节　跨文化新闻伦理问题的根源与影响因素

应对和解决本土媒体报道国际新闻的种种跨文化伦理问题，需要探讨这些问题的产生缘由和影响因素。从报道者、报道内容、新闻生产与新闻规范维度来审视和分析产生跨文化伦理问题的根源，包括外派记者的跨文化能力、国际报道的内容偏向、国际新闻生产的典型问题、新闻伦理规范及推理抉择的跨文化适用性，这四个维度的因素共同作用导致本土媒体报道国际新闻时出现不同类型的跨文化伦理问题。

一、外派记者的跨文化能力

增强媒体的国际传播能力，加强对外话语体系建设，离不开记者跨文化能力的提升。外派记者的跨文化素养与能力差异影响记者在海外报道时对不同伦理准则跨文化差异的判断、对报道对象的认知与建构，以及对报告后果风险的衡量，对记者跨文化能力的考察主要关注传播者维度的影响因素，探讨媒体外派记者的跨文化能力现状、特点与问题。以拜拉姆的跨文化能力构成要素模型作为分析框架，跨文化能力由知识、解释和联系技能、发现和互动技能、态度和批评性文化意识组成，归纳为知识、态度、技能和意识四个维度的构成要素。知识维度包括本国和外国的语言、文化和交际策略等知识；态度维度包括对其他文化的好奇心和开放度，以及尊重和包容不同文化的态度；技能维度主要包括能够在跨文化交流活动中探索和运用相关知识，解读不同文化因素并联系本土现象的技能，以及恰当应对跨文化问题、通过互动交流解决沟通问题的能力；意识维度主要包括批判性的文化意识，对本土文化和其他文化的价值观、信仰和社会实践具有批判性的评估和反思能力。①

依据此框架对部分外派记者展开调查，综合深度访谈和自评问卷结果发现，受访记者在跨文化能力知识维度的内容方面，了解更多的是他国的历史地理、社会制度、社交礼仪、宗教文化、生活方式、价值观以及文化禁忌，对于不同文化的基本规范和行为特点、跨文化交流与传播策略和技巧等方面则相对薄弱。外派记者的跨文化能力知识维度主要依赖于个人积累和出发前的应急准备，并非系统学习相关知识，较少求助于相关专家学者，缺乏对采访对象国的经验性了解。在跨文化能力的态度维度，受访记者均表现积极，愿意交流，理解、尊重和包容不同文化。在跨文化能力的技能维度，受访记者在语言能力、沟通能力、文化差异敏感性、多角度看待问题、采访报道突破能力上体现出一定的专业素养。但因为缺乏在采访对象国长期积累的资源和经验优势，跨文化采访的困境需要外派记者具有综合突破能力，在陌生文化语境下判断形势、分析情况和解决问题。在跨文化能力的意识维度，外派记者们对于文化相似性和差异性具有一定程度的主动感知，但并不确定文化差异和报道习惯怎样影响采访报道，以及哪些言行在某种文化中或情境下可能冒犯他者。意识能力需在态度能力基础上结合系统性知识能力，二者有机结合才能逐渐内化成为外派记者的跨文化意识能力，这也是跨文化能力的态度维度与意识维度的本质区别。

① M. Byram, *Teaching and Assessing Intercultural Communicative Competence*, Clevedon, UK: Multilingual, 1997, p.10.

整体而言,随着我国国际化程度不断加深,媒体开始派出越来越多记者出境采访报道国际新闻,外派记者的跨文化知识、态度、技能、意识能力都在逐渐增强。但与此同时,对跨文化知识还缺乏系统性把握和经验性了解,对海外报道的突破路径还需不断探索,对文化异同对国际报道的影响还有待形成意识,这些跨文化能力特点影响着外派记者在报道国际新闻时遭遇和产生不同跨文化伦理问题的可能性。例如,跨文化知识维度的欠缺影响记者对不同情境社会文化的理解,以及理解不同社会情境下伦理准则的适用性,从而导致第一类跨文化伦理问题的产生。在跨文化技能维度,如果外派记者存在海外采访的突破能力问题,就会导致报道内容因为采访困难而可能出现不够平衡客观,未能深度全面反映报道事件的第三类伦理问题。而跨文化意识能力的薄弱可能导致外派记者对被报道对象和报道后果的风险缺乏明确感知而造成第二类和第四类跨文化伦理问题。因此,要解决国际新闻的跨文化伦理问题,需从根源上提升记者的跨文化能力。

二、国际报道的内容偏向

报道者的跨文化能力并非跨文化新闻伦理问题的唯一影响因素,尤其是针对客观报道与他者建构之间的矛盾问题,还需从国际新闻的内容偏向维度去寻找问题根源和解决路径。国际新闻的内容偏向主要包括:地理偏向、报道量偏向、信息来源偏向、版面偏向、立场偏向和认知偏向。地理偏向主要因媒体境外报道的资源和议程等原因导致新闻报道过度集中于某些国家或地区。报道量偏向则是指国际新闻的报道数量和篇幅集中反映特定议题、国家或地区,报道量分布不平衡。信息来源偏向是指国际新闻过度依赖或呈现某些信源,使这类声音被放大,其他信息来源被忽视,信源分布不平衡。版面偏向是指国际新闻刊载的版面位置及序列不同而可能造成关注度差异。立场偏向是指对其他国家的报道受到政治、商业、文化等因素影响而出现对某一方报道对象或观点的偏向。认知偏向是因对其他国家和社会的认知偏差、文化成见或刻板印象而出现对报道对象的呈现和建构偏向。

无论导致内容偏向的原因是报道者对报道对象国的认知偏差，还是媒体报道国际新闻内化政府政策，或是受到国际关系变化的影响，实际上都可能导致客观报道与建构他者之间程度不一的偏向或冲突，国际报道中内容偏向的存在是产生和影响第三类跨文化伦理问题的重要因素之一。探讨国际新闻的内容偏向及其类型，才能为辨识和规避偏向，为减轻客观报道和他者建构之间的矛盾提供有针对性的参考。

三、国际新闻生产的典型问题

探究国际新闻跨文化伦理问题的根源与影响，除了报道者与内容维度，也需要对新闻生产路径的考察。剖析外派记者到海外现场报道国际新闻的实际经历，以及过程中遭遇的种种困境和问题，为跨文化伦理问题的产生和解决提供新闻生产维度的路径分析，与针对报道者和报道内容的研究互为补充，可以从不同维度揭示本土媒体报道国际新闻可能存在的各种问题，从而为进一步探索解决路径提供依据。

考察部分外派记者报道国际新闻的实际经历发现，本土媒体外派记者“走出去”报道国际新闻的生产过程面临六种类型的典型问题：记者外语水平、经验资源、专业能力与敬业程度的不足与欠缺；到达报道现场的障碍与到达后的工作路径困惑；报道选题、报道角度、新闻采集与内容呈现的国内化偏向；报道中使用争议性手段与接受邀请方资助报道的伦理问题；经营压力与预算限制，以及制度和政策变化带来的风险；外派记者职业角色认知的多样性和不确定性导致难以形成职业认同的困境。清楚国际新闻生产中出现的问题与困境，才能探知各类跨文化伦理问题的产制根源与影响因素。例如，新闻生产的国内化偏向在一定程度上造成了客观报道和建构他者之间的差距和矛盾，报道过程中的争议性手段则体现了报道者因为伦理原则规范的跨文化差异而产生的报道伦理困惑。外派记者的职业认同与理解也在某种程度上影响记者们对国际报道后果的考量与抉择标准,导致对报道对象风险感知的跨文化敏感性差异,以及报道后果与职业理念产生冲突时的不同抉择。对国际新闻生产过程的考察,为探讨我国记者报道国际新闻的问题及解决路径提供经验材料。

四、新闻伦理规范及推理抉择的跨文化适用性

对记者跨文化能力、国际报道内容偏向和生产问题的考察,是从报道者、报道内容与新闻生产的实践维度探讨跨文化伦理问题产生的不同原因与影响因素。跨文化报道实践中产生的伦理问题,意味着指导媒体实践的新闻伦理规范同样可能存在跨文化适应性的理论问题。对新闻伦理规范及其推理抉择应用的跨文化适用性考察,旨在探寻伦理问题的规范根源与影响因素,为伦理规范问题的解决路径提供参考。

传统的新闻伦理体系及其推理抉择应用主要针对单一或同质文化报道实践问题,新闻伦理的建构都是区域性的,各国各地区条款各异的伦理规范也多是针对本土的、地方性的和民族国家的,跨文化的维度相对缺失,从而导致跨国、跨文化报道过程中各类伦理问题的产生。跨文化新闻伦理问题产生于跨国、跨文化新闻实践,跨文化报道中日益出现的新问题让很多学者意识到在文化多元的情境下应该对新闻伦理是否具有跨文化性进行重新反思,现有的新闻伦理规范体系重构需要跨文化的转向,在新闻伦理体系的原则和价值维度增加体现文化多样性的元素。同样,新闻伦理推理抉择是伦理理论应用于解决报道实践问题的工具和方法,当本土媒体的记者外派到海外报道国际新闻,遭遇各种跨文化的伦理问题或困境,适用的伦理推理抉择模式可以帮助报道者进行推理,分析问题类型、问题背后的伦理价值和原则冲突,反思价值和原则取向,最终确定解决问题的路径选择。跨文化新闻伦理推理抉择的探讨,是跨文化新闻伦理的可操作化尝试,聚焦于解决跨文化新闻伦理问题的理论工具应用。除了应用比较广泛的波特模式和博克模式,伦理推理抉择常用的模

式还包括综合伦理抉择模式、基德模式和系统伦理分析抉择法。通过对比分析五种常见的推理抉择模式发现,伦理推理抉择模式同样也需要在价值和原则的构成维度增加跨文化的元素,才能对跨文化伦理问题的推理抉择具有适用性和分析力。

第三节　跨文化新闻伦理问题的解决路径

本书通过考察本土媒体报道国际新闻跨文化伦理问题在报道者、报道内容、新闻生产和伦理规范维度的产生根源与影响因素,为应对和解决问题提供了思路。跨文化伦理问题的解决路径选择包括辨别与规避国际新闻报道偏向的内容路径,培养外派记者跨文化能力与克服海外报道障碍的生产路径,以及参与全球新闻伦理跨文化建构的规范路径,规范路径分别包括针对新闻伦理跨文化转向的伦理建构路径和针对推理抉择模式跨文化适用性的伦理抉择路径。

一、内容路径

内容路径针对引发跨文化伦理问题的报道者、报道内容和生产过程因素,通过提升外派记者海外报道的跨文化能力,规避国际新闻的常见内容偏向和国际报道过程中的典型问题,进而减少因这些因素导致跨文化伦理问题的可能性。

识别与规避国际新闻的各类内容偏向是减少客观报道与建构他者出现矛盾的有效路径之一。国际新闻不仅存在一般新闻报道可能出现的内容偏向,还受到海外政策与国际关系影响,以及对跨国、跨文化报道对象存在的刻板印象与认知偏差影响,因此可能出现地理偏向、版面偏向、信源偏向、报道量偏向、立场偏向和认知偏向。了解内容偏向存在的原因与类型是解决内容偏向问题的前提,在此基础上建立内容偏向核查机制,一方面通过对记者编辑的提前培训进行偏向预警，预防报道偏向的出现；另一方面通过应用相对成熟的偏向分析测量方法对报道内容进行规范的偏向分析识别，对已经出现的偏向进行筛查纠偏，通过事前预防和事后把关的系统化偏向核查机制确保国际报道的内容尽量平衡客观，减少对跨国、跨文化报道对象的建构偏差。

二、生产路径

生产路径包括提升记者的跨文化能力和应对海外报道的典型问题。跨文化能力的提升有助于增强记者对伦理差异与文化情境冲突的判别分析能力，从而减少因伦理规范的跨文化适应性问题而导致的伦理问题。跨文化能力提升也能帮助记者感知报道对象和报道后果的跨文化风险，减少被报道者和报道后果维度的伦理问题。随着国内记者被外派到境外报道的机会逐渐增多，前瞻性地针对国内记者进行跨文化能力素养和技能培训，可使每一位记者在接到外派任务时更有准备。记者跨文化能力的养成和提升不仅需要积累外派采访报道经验，也需要参与跨文化能力的系统培训。提升外派记者的跨文化能力可从记者个体、媒体机构和专业教育层面共同推动。在记者个体层面，跨文化能力的提升需要自我培养，随着记者主动学习和实践经验的不断积累，跨文化能力逐步内化为职业惯性，最终形成跨文化能力培养的敏感性。从媒体组织层面，记者跨文化能力的提升需要行业助力，建设机构化的跨文化能力系统培训机制，除了在记者外派期间提供后方支援，还能推行跨文化采访报道能力的常规化培训，成为组织培训的必要内容，保证每一位记者在临时接到境外采访任务时都具备跨文化报道的基本素养。目前，媒体机构针对非驻外记者的跨文化能力培训机制尚未形成，主要依靠记者的个人技能，机构层面的跨文化能力系统培训亟待开展，以提供定期的跨文化能力常规培训，同时针对不同外派任务组织特定培训。通过组织助力，才有可能更广泛、系统地推动记者跨文化能力的提升。在专业教育层面，不少受访记者认为新闻传播人才国际化的培养既要重视语言技能的培养，还要有前瞻性的跨文化能力培养。高校在跨文化能力的专业教育方面还缺乏系统规划，部分新闻传播院校注重培养语言能力和国际新闻采写技能，但较少关注跨文化能力的培养。如果从专业教育的人才培养层面开始渗透对跨文化素养和能力的培养，就能有效减少媒体机构的常规培训压力，让媒体主要在针对特定任务的跨文化能力培训方面发挥更大作用。综上所述，结合记者个体、媒体机构和专业教育不同维度不同侧重的协同努力，有助于让跨文化能力成为每一位媒体记者的基本职业素养，在新闻全球本土化互相融合的时代，跨文化能力不再只是对驻外记者的要求，而应该是每一位记者的基本职业素养。

应对和解决记者在海外报道过程中的典型问题，需要从新闻生产维度减少记者在海外采访遭遇的困境和伦理争议，以及因各种困难而出现报道内容的专业性和客观性问题。从业者的专业技能缺失可能导致报道过程中沟通不畅、翻译不力、经验不足、资源缺乏、路径困惑等相关问题；海外报道敬业程度差异、使用争议性采访手段和是否接受报道资助的伦理争议则根源于从业者的职业伦理问题；从业者对职业角色的认知影响国际报道的议程、角度和框架，从而引发报道偏向问题。前期准备不足加剧了外派记者在国际新闻现场语境陌生、资源匮乏的先天“硬伤”。外派记者选派机制的不稳定性对于记者积累跨国报道经验和资源十分不利，缺乏国际报道培训的记者仓促上阵，遭遇各种困境的风险更高；后方编辑部的管理与支持情况，同样影响着报道的难度与质量；编辑流程的前期阶段编辑与记者互动协商不够充分，中期阶段后方编辑指导和服务减少，后期阶段的编辑负责制用“本土眼镜”过滤报道内容，也可能造成外派记者在报道过程中的困难和报道内容的偏向问题。要解决生产维度的问题，首先需要改善现有实践模式，从微观的从业者职业素养提升到中观的报道机制完善，从业者通过思维转变与职业认同重构完成国际化转型，同时着手优化海外报道的管理机制与模式，逐步应对记者跨国报道的困境与问题。除了完善现有模式，还需要通过创新生产模式去解决现有模式所存在的从业者、生产常规和媒介环境三个维度的问题，新闻众包、众筹与众智模式有助于解决资金短缺困难;用户共同生产的模式能够改变原有报道生产常规的偏向与组织影响的制约,借力用户智慧提升国际报道的品质。通过完善现有模式与尝试创新模式,可以为解决国际新闻的生产问题提供两种并行的解决路径。

三、伦理建构路径

内容路径通过追溯问题根源与影响因素来减少伦理问题的发生,为解决本土媒体报道国际新闻的跨文化伦理问题提供了实践维度的方案。伦理建构路径和伦理应用路径则为解决问题提供了理论维度的方案,通过探索新闻伦理体系的跨文化重构与伦理推理抉择的跨文化适用性来完善跨文化新闻伦理问题的理论体系和推理应用。

跨文化新闻伦理问题产生于跨国、跨文化新闻实践,跨文化报道中日益出现的新问题催生了对伦理规范体系的理论反思,新闻伦理从本土转向全球、从单一转向多元成为必然趋势。在理论反思基础上重构跨文化新闻伦理可以分为两步推进,一是重构跨文化新闻伦理规范,二是推广与应用。在伦理体系构成的三个层面中,第一层面为元规范,是超越文化、种族和地域的人类核心价值,第二层面是伦理原则,第三层面为伦理规范。建构相对统一的跨文化新闻伦理不仅要反映人类文化的多样性,还要考虑不同社会环境的适应性。研究表明不同区域伦理规范中的核心理念是相似的,这部分伦理即建构全球新闻伦理元规范的基础。在第二、三层面学者们逐步引入“世界主义伦理观”“多元主义伦理观”“主体间性”等理念作为跨文化伦理价值理念的补充,而全球化“道德代码四原则”、关怀伦理、社群主义、儒家思想、和谐理念等则作为跨文化伦理原则的文化多样性补充。跨文化新闻伦理规范体系的重构是不断进行的动态过程,应在平等、尊重、多元、协商等全球新闻伦理准则核心要素基础上持续推进讨论完善,使之更适合对跨文化新闻伦理问题的分析指导。

四、伦理抉择路径

在新闻伦理跨文化转向的理论探讨中，针对跨文化新闻伦理推理抉择的研究对于指导和解决跨文化报道实践问题提供了一种可操作的应用工具路径。伦理推理抉择可在实践操作层面指导记者在面临跨文化伦理困境时有步骤地思考和行动，在一定程度上降低报道带来的伦理风险，让从业者在不断运用伦理推理分析的过程中提高伦理敏感性，加强伦理判断以及伦理推理能力。本书通过对比分析国内外媒介伦理常见的五种推理抉择模式：波特模式、博克模式、综合伦理抉择模式、基德模式和系统伦理分析抉择模式，发现不同模式各具特点，但这些模式都仍然需要增加反映文化多样性的元素以提高推理抉择工具对于跨文化伦理问题的适用性。基德模式创造性地增加了对伦理问题类型的区分和确认，使伦理困境的定义更加清晰和明确，其具体而全面的问题抉择指南提供了行动和操作方向，减少了模式的抽象性，具有较强的应用价值，因此本书选择以基德模式作为尝试，将部分具有全球视野代表性的中国文化价值理念及其蕴含的伦理原则融入基德模式，以提升该模式的跨文化适用性。

在文化交流和跨国家、跨文化报道层面，中华民族的价值理念及其蕴含的“共生”“共在”“共赢”“共享”伦理思想或许能为跨国、跨文化报道造成的伦理冲突和争议提供借鉴和启示。基德模式与波特模式一样，在价值维度和原则维度均以西方价值体系为主导抉择依据，缺乏反映不同文化观念的价值原则，因而对跨文化报道的伦理问题缺乏解释力与适用性。本书尝试将中国价值理念及其所蕴含的伦理观融入基德模式的价值维度和原则维度，增加“文化—文化”的价值冲突类型，为跨文化报道伦理问题的推理分析提供更有针对性的伦理原则选择依据，推动新闻从业者从“人类命运共同体”的视野，通过解释性报道等方式，促进国际报道推进文化对话、消解文化冲突、共建人类命运共同体。当然，在基德模式中融入中国价值理念，是对非西方文化的价值理念和伦理原则参与伦理抉择模式的一种尝试，如何接纳不同文化价值理念原则，提升新闻推理抉择模式的跨文化适用性，使之得以为外派记者所用，在遭遇跨文化伦理问题时作为分析抉择的可操作工具，是值得继续探索的问题。

综上所述，本书探讨了本土媒体报道国际新闻的跨文化伦理问题的类型，产生的根源与影响因素，以及不同维度的解决路径，为我国媒体走出去报道国际新闻可能出现的问题提供分析和应对的参考依据，也从新闻伦理角度为加强中国媒体的国际报道能力提供了一种新的思考路径。

附　　录

第二章受访记者列表

编号	时间	访谈方式	受访记者工作单位类型	跨国报道的次数
GJ001	2018 年 11 月 25 日	面对面访谈	报纸	10 次
GJ002	2018 年 12 月 1 日	面对面访谈	报纸	10 次
GJ003	2018 年 12 月 3 日	面对面访谈	报纸	4 次
GJ004	2018 年 12 月 3 日	面对面访谈	报纸	1 次
GJ005	2018 年 12 月 13 日	电话访谈	报纸	3 次
GJ006	2018 年 12 月 6 日	面对面访谈	报纸	6 次
GJ007	2018 年 12 月 5 日	面对面访谈	报纸	2 次
GJ008	2018 年 12 月 19 日	面对面访谈	报纸	4 次
GJ009	2018 年 12 月 4 日	面对面访谈	报纸	7 次
GJ010	2018 年 12 月 5 日	面对面访谈	报纸	2 次
GJ011	2018 年 12 月 5 日	面对面访谈	报纸	10 次
GJ012	2018 年 12 月 5 日	面对面访谈	报纸	3 次
GJ013	2018 年 12 月 22 日	电话访谈	电视	9 次
GJ014	2018 年 12 月 23 日	面对面访谈	报纸	15 次
GJ015	2019 年 1 月 3 日	面对面访谈	电视	6 次
GJ016	2019 年 1 月 3 日	面对面访谈	电视	11 次
GJ017	2018 年 12 月 15 日	面对面访谈	报纸	3 次
GJ018	2019 年 1 月 4 日	电话访谈	报纸	3 次

第四章受访记者列表

编号	性别	单位	所在部门	职务
CPJ001	女	报纸	国际部	编辑
CPJ002	男	通讯社	摄影部	记者
CPJ003	男	报纸	产经新闻	采编管理者
CPJ004	女	通讯社	特稿部	记者
CPJ005	男	杂志	杂志社	编辑
CPJ006	男	电视台	新闻中心	记者
CPJ007	男	报纸	分站	记者
CPJ008	男	国外自由职业记者	已退休	自由撰稿人
CPJ009	男	报纸	摄影部	记者
CPJ010	男	电视台	新闻中心	记者
CPJ011	男	报纸	要闻部	采编管理者
CPJ012	男	报纸	文体部	采编管理者
CPJ013	男	报纸	文化版	采编管理者
CPJ014	女	报纸	国际部	记者
CPJ015	男	通讯社	北京分社	助理
CPJ016	男	报纸	政文部	记者
CPJ017	女	报纸	机动部	记者
CPJ018	男	报纸	国际部	采编管理者
CPJ019	女	报纸	要闻部	采编管理者
CPJ020	男	报纸	体育部	记者
CPJ021	女	电视台	新闻中心	编导
CPJ022	男	报纸	摄影部	记者
CPJ023	男	电视台	新闻中心	记者
CPJ024	男	电视台	新闻中心	采编管理者
CPJ025	男	报纸	体育部	记者
CPJ026	男	电视台	新闻中心	记者
CPJ027	男	报纸	新媒体部	记者

续表

编号	性别	单位	所在部门	职务
CPJ028	女	电视台	新闻中心	编导
CPJ029	女	报纸	娱乐部	采编管理者
CPJ030	男	报纸	国际部	记者
CPJ031	男	报纸	财经新闻	记者
CPJ032	男	报纸	综合新闻	采编管理者
CPJ033	女	报纸	国际新闻	记者
CPJ034	男	电台	新闻中心	驻外记者
CPJ035	男	报纸	分站	记者
CPJ036	男	电台	新闻中心	驻外记者
CPJ037	女	网络媒体	新闻部	编辑

主要参考文献

一、中文著作类

[美]阿诺德·S.戴比尔、约翰·梅里尔编:《全球新闻事业:重大议题与传媒体制》,郭之恩译,华夏出版社2010年版。

[美]菲利普·帕特森、李·威尔金斯:《媒介伦理学:问题与案例》,李青藜译,中国人民大学出版社2006年版。

[美]克利福德·G·克里斯琴斯:《媒体的良心》,中国人民大学出版社2014年版。

李金铨:《超越西方霸权:传媒与文化中国的现代性》,牛津大学出版社2004年版。

[美]理查德·保罗、琳达·埃尔德:《什么是伦理推理》,外语教学与研究出版社2016年版。

[美]路易斯·阿尔文·戴:《媒介传播伦理:案例与争论》,北京大学出版社2005年版。

彭家发:《新闻客观性原理》,三民书局1994年版。

商娜红:《制度视野中的媒介伦理》,山东人民出版社2006年版。

单波:《跨文化传播的问题与可能性》,武汉大学出版社2010年版。

唐佳梅:《中国新闻媒体跨国跨文化采访报道的困境与路径研究》,人民出版社2017年版。

王海明:《伦理学方法》,商务印书馆2003年版。

吴卫平:《跨文化能力综合评价:理论与实践》,中国社会科学出版社2015年版。

二、中文论文类

陈光连、尹剑:《习近平人类命运共同体思想中的传统伦理精神》,《理论导刊》2019 年第 3 期。

陈阳:《当下中国记者职业角色的变迁轨迹——宣传者、参与者、营利者和观察者》,《国际新闻界》2006 年第 12 期。

樊葳葳、吴卫平、彭仁忠:《中国大学生跨文化能力自我评价分析》,《中国外语》2013 年第 6 期。

甘丽华、[美]克利福德·克里斯琴斯:《全球媒介伦理及技术化时代的挑战——克利福德·克里斯琴斯学术访谈》,《新闻记者》2015 年第 7 期。

谷萍、闵津、林砾:《"一带一路"跨国探访报道中记者的跨文化认知与反思》,《中国媒体发展研究报告》2017 年。

胡华涛:《中西新闻伦理推论模式的对比研究:从"斯诺登事件"的伦理纷争说起》,《国际新闻界》2014 年。

黄真:《"人类命运共同体"理念的伦理透视》,《理论月刊》2016 年第 11 期。

姜飞:《跨文化传播研究的思想地图与中国国际传播规划的转向》,《暨南学报(哲学社会科学版)》2016 年第 1 期。

李辉:《新闻偏向的表现形式及成因探析》,《新闻世界》2012 年第 11 期。

李建华、张永义:《论世界主义伦理观的核心命题》,《哲学动态》2010 年第 5 期。

李宇:《增强国际传播力背景下驻外记者的素养与选拔》,《中国记者》2011 年第 11 期。

刘昶:《国际一流媒体驻外记者选派机制解析——兼议全球传播语境中的中国驻外记者站建设》,《电视研究》2011 年第 12 期。

刘国强、汤志豪:《世界精神与民族关怀:全球化时代的跨文化传播伦理构建》,《国际新闻界》2018 年第 12 期。

刘小彪:《京沪穗宁报纸国际新闻报道现状研究》,《新闻实践》2009 年第 3 期。

陆银味:《不同视角下国际新闻报道之研究——对〈人民网〉和〈纽约时报网〉关于对方年美、中新闻报道分析》,《新闻与传播研究》2004 年第 4 期。

慕明春:《〈查理周刊〉事件:当言论自由穿越权利冲突的沼泽地》,《当代传播》2015 年第 3 期。

牛静:《世界主义、民族主义与全球媒介伦理的建构》,《新闻与传播研究》2016 年第 2 期。

邱戈:《从道德抉择到德行合一——新闻传播中的道德伦理抉择模式比较研究》,《浙江大学学报(人文社会科学版)》2013 年第 3 期。

单波、[美]克利福德·克里斯琴斯:《跨文化时代的新闻道德推理——访著名媒介伦理学教授克利福德·克里斯琴斯》,跨文化传播学术网 2013 年 3 月 19 日,见 http://www.icchina.org/view.asp? ID=523。

唐佳梅:《全球新闻伦理的跨文化问题与重构》,《暨南学报(哲学社会科学版)》,2016 年第 5 期。

唐佳梅:《在异国他乡的新闻现场——空降记者的困境与问题》,《新闻记者》2016 年第 3 期。

王蔚:《人类命运共同体的三重传统伦理内涵》,《人民论坛》2019 年第 10 期。

向玉乔:《构建人类命运共同体的国际伦理意蕴》,《湖北大学学报(哲学社会科学版)》2019 年第 3 期。

徐佳:《跨文化能力概念模型内涵的扩展研究》,《湖北社会科学》2018 年第 1 期。

徐琴媛、杨卓颖:《简论新闻报道中的媒介倾向——以西方媒体新闻报道为例》,《现代传播(中国传媒大学学报)》2012 年第 10 期。

许力生:《跨文化能力构建再认识》,《浙江大学学报(人文社会科学版)》2011 年第 3 期。

严三九、刘峰:《试论新媒体时代的传媒伦理失范现象、原因和对策》,《新闻记者》2014 年第 3 期。

杨保军:《全球性新闻观念形成的可能、实质与机制》,《中国地质大学学报(社会科学版)》2012 年第 4 期。

姚新中、席玥桐:《多元文化主义视域下的当代伦理秩序重建》,《探索与争鸣》2017 年第 2 期。

展江、彭桂兵:《从中庸之道到"无知之幕":四种媒体伦理理论评析》,《南京社会科学》2014 年第 12 期。

张成良:《倾向比无知距离真相更远——西方媒体对拉萨"3·14"事件报道解析》,《新闻记者》2008 年第 5 期。

赵云泽、滕沐颖、杨启鹏、解雯逝:《记者职业地位的殒落:"自我认同"的贬斥与"社会认同"的错位》,《国际新闻界》2014 年第 12 期。

郑根成:《波特模式的实践启示与反思——行为伦理决定模式中道德推理的理论与实践分析》,《伦理学研究》2012 年第 3 期。

郑涵、牛海坤:《跨文化视野下国际传媒文化面临的新困境——全球新闻专业主义道德伦理之反思》,《上海大学学报(社会科学版)》2010 年第 3 期。

郑少翀:《价值多元主义审视》,《伦理学研究》2007 年第 3 期。

周庆安:《中国国际新闻报道的趋势与转型》,《新闻与写作》2011 年第 3 期。

三、英文著作类

Black J.,Steele B.,Barney R.,*Doing Ethics in Journalism* (*2nd ed.*),Boston:Allyn & Bacon,1995.

Byram M.,*Teaching and Assessing Intercultural Communicative Competence*,Clevedon,UK:Multilingual,1997.

Cirino R.,*Don't Blame the People:How the News Media use Bias,Distortion and Censorship to Manipulate Public Opinion*.Los Angeles:Diversity Press,1971.

Fortner R.S.,Fackler P.M.(eds.),*The Handbook of Global Communication and Media Ethics*,Wiley-Blackwell,2011.

Galtung J.,*Global Glasnost:Toward a New World Information and Communication Order?*,Cresskill,NJ:Hampton Press,1992.

Gitlin T.,*The Whole World is Watching:Mass Media in the Making and Unmaking of the New Left*,Berkeley:University of California Press,1980.

Gross P.,Kopper G.G(eds.),*Understanding Foreign Correspondence*,New York:Peter Lang Publishing Inc,2011.

Hofstetter C.R.,*Bias in the News:Network Television Coverage of the* 1972 *Election Campaign*,Columbus,OH:Ohio State University Press,1976.

Kidder R.M.,*How Good People Make Tough Choices:Resolving the Dilemmas of Ethical Living*,New York:Morrow,1995.

Lustig,M.W.,*Intercultural Competence:Interpersonal Communication across Cultures*,Shanghai Foreign Language Education Press,2007.

Nikolaev A.G.(ed.),*Ethical Issues in International Communication*,Hampshire:Palgrave Macmillan,2011.

Owen J.,Purdey H.(eds.),*International News Reporting:Frontlines and Deadlines*,Chichester:Wiley-Blackwell,2009.

Pedelty M.,*War Stories:The Culture of Foreign Correspondents*,New York:Routledge,1995.

Ward S.J.A.(ed.),*Global Media Ethics:Problems and Perspectives*,Chichester:

Wiley-Blackwell, 2013.

Weaver, D.H., Willnat L.(eds.), *The Global Journalists in the 21st Century*, New York: Routledge, 2012.

Wilkins L., Coleman R., *The Moral Media: how Journalists Reason about Ethics*, Lawrence Erlbaum Associates, 2004.

四、英文论文类

Barnett R., "Ethics in China's Wild West", *British Journalism Review*, Vol.19, No.3, 2008.

Berkowitz D., Eko L., "Blasphemy as Sacred Rite/Right", *Journalism Studies*, Vol.8, No.5, 2007.

Childers D., "Media Practices in AIDS Coverage and a Model for Ethical Reporting on AIDS Victims", *Journal of Mass Media Ethics*, Vol.3, No.2, 1988.

Christians C.G., "Cultural Diversity and Moral Relativism in Communication Ethics", in Nikolaev A.G.(ed.), *Ethical Issues in International Communication*, Hampshire: Palgrave Macmillan, 2011.

Christians C.G., "Universalism versus Communitarianism", in Fortner R.S., Fackler P. M.(eds.), *The Handbook of Global Communication and Media Ethics Volume* Ⅰ, Chichester: Wiley-Blackwell, 2011.

Christians C.G., Rao S., Ward S.J.A., Wasserman H. "Toward a Global Media Ethics: Theoretical Perspectives", *African Journalism Studies*, Vol.29, No.2, 2008.

D'Alessio D., Allen M., "Mediabias in Presidential Elections: a Meta-analysis", *Journal of Communication*, Vol.50, No.4, 2010.

Deni E., Ozar D., "An Explanation and a Method for the Ethics of Journalism", *Journalism Ethics*, 2010.

Deuze M., "What is journalism?: Professional Identity and Ideology of Journalists Reconsidered", *Journal of International Communication*, Vol.6, No.4, 2009.

Entman R.M., "Framing Bias: Media in the Distribution of Power", *Journal of Communication*, Vol.57, No.1, 2010.

Gasser L., Malti T., "Children's and Their Friends' Moral Reasoning: Relations with Aggressive Behavior", *International Journal of Behavioral Development*. Vol.36, No.5, 2012.

Hamilton M.J., "Foreign Correspondence: One Age Ends, Another Begins", in Clarke

J., Bromley M. (eds.), *International News in the Digital Age*, New York: Routhledge, 2012.

Hanitzsch T., Hanusch F., Mellado C., Anikina M., et al, "Mapping Journalism Cultures across Cultures", *Journalism Studies*, Vol.12, No.3, 2011.

Jose O., "Stages of Moral Reasoning among University Students in Papua New Guinea", *Journal of Human Values*, Vol.19, No.1, 2013.

Kenney R., Akita K., "When West Writes East: In Search of an Ethic for Cross-cultural Interviewing", *Journal of Mass Media Ethics: Exploring Questions of Media Morality*, Vol.23, No.4, 2008.

Lee S.T., Rao S., "Globalizing Media Ethics? An Assessment of Universal Ethics among International Political Journalists", *Journal of Mass Media Ethics*, Vol.20, No.2-3, 2005.

Nossek H., "Our News and Their News: The Role of National Identity in the Coverage of Foreign News", *Journalism*, Vol.5, No.3, 2004.

Pruegger V.J., Rogers T.B., "Intercultural Sensitivity Training: Methods and Assessment", *International Journal of Intercultural Relations*, Vol.18, No.3, 1994.

Rao S., Wasserman H. "Global Media Ethics Revisited: A Postcolonial Critique", *Global Media and Communication*, Vol.3, 2007.

Sherry B., "Applying Kidder's Ethical Decision-making Checklist to Media Ethics", *Journal of Mass Media Ethics*, Vol.12, No.4, 1997.

Swain K.A., "Beyond the Potter Box a Decision Model Based on Moral Development Theory", *The Media Ethics Division of the Association for Education in Journalism and Mass Communication (AEJMC) Convention*, 1994.

Whitney D.C., Fritzler M., Jones S., et al, "Geographic and Source Biases in Network Television News 1982-1984", *Journal of Broadcasting & Electronic Media*, Vol. 33, No. 2, 1985.

后　记

用了近五年时间去完成这个课题,过程不易,但主要还是自己能力、毅力所限,诸多不足和遗憾,希望今后有勇气继续完善。感谢课题组成员何子杰、洪宇、卢重佑,他们在研究生学习阶段分别围绕跨文化新闻伦理、记者跨文化能力和国际新闻内容偏向等不同维度展开研究,本书相关章节的内容体现了他们的参与和贡献。课题组一直坚持推进研究,相关成果陆续发表,本书也是对五年来的研究进行全面梳理和系统呈现。感谢在这段历程中给予帮助的师长、记者和编辑。感念家人和挚友一如既往的支持。完成一项研究,愈发清楚自己种种浅陋,最需要静下来多读书,愿下一程豁然开朗。

责任编辑：贺　畅
文字编辑：周　颖
封面设计：石笑梦
版式设计：胡欣欣

图书在版编目(CIP)数据

本土媒体报道国际新闻的跨文化伦理问题研究/唐佳梅 著. —北京:人民出版社，2023.3

ISBN 978－7－01－025188－2

Ⅰ.①本…　Ⅱ.①唐…　Ⅲ.①新闻学-伦理学-研究　Ⅳ.①G210-05

中国版本图书馆 CIP 数据核字(2022)第 198954 号

本土媒体报道国际新闻的跨文化伦理问题研究

BENTU MEITI BAODAO GUOJI XINWEN DE KUAWENHUA LUNLI WENTI YANJIU

唐佳梅　著

人民出版社 出版发行
(100706　北京市东城区隆福寺街 99 号)

中煤(北京)印务有限公司印刷　新华书店经销

2023 年 3 月第 1 版　2023 年 3 月北京第 1 次印刷
开本:710 毫米×1000 毫米 1/16　印张:10.75
字数:148 千字

ISBN 978－7－01－025188－2　定价:43.00 元

邮购地址 100706　北京市东城区隆福寺街 99 号
人民东方图书销售中心　电话 (010)65250042　65289539